N015374З

在宮廷鬼混的騙子

成語故事
模擬PISA實戰版

陳淑玲　呂倩如
趙文霙　周芃谷 / 合著

五南圖書出版公司 印行

作者簡介

陳淑玲

學　歷：國立台北教育大學「語文與創作學系」碩士

著　作：聯合報系「閱讀素養」、「作文」教材；跨世紀語文新指標——國小高年級「閱讀心、寫作情」系列叢書三冊〈華英書局出版〉等等。

呂倩如

學　歷：國立台北教育大學「語文與創作學系」；台北大學中文所進修中

著　作：聯合報系「閱讀素養」、「作文」、「暑期高中非選與古文閱讀」教材。

趙文霙

學　歷：台北市立教育大學中文所碩士

著　作：聯合報系「閱讀素養」、「作文」教材；聯合報國小中年級、高年級暑期作文營隊講義編撰；聯合報新聞媒體素養寫作講義編撰等等。

周芃谷

學　歷：東吳大學中國文學所碩士

著　作：聯合報系「閱讀素養」、「作文」教材；聯合報國小中年級、高年級暑期作文營隊講義編撰等等。

目 錄
contents

陳淑玲

周芫谷

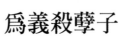

爲義殺孽子

春秋戰國時期，衛國的君王衛莊公很寵愛兒子州吁（ㄒㄩ），養成了他驕蠻好鬥的個性。老臣石碏（ㄑㄩㄝˋ）曾經多次勸告衛莊公，說：「州吁在君王的溺愛下，已經變得無法無天，請君王要留意呀！」

「石碏，你太杞人憂天了。州吁還是小孩子，難免淘氣，有什麼好擔心呢？」衛莊公愛子心切，根本聽不進石碏的忠告。

過了幾年，州吁長大了，他和石碏的兒子石厚狼狽爲奸，做了不少壞事。後來，州吁乾脆殺掉繼承王位的衛桓公，自己當國君。

石碏實在看不下去，決定替天行道，就心一橫，趁州吁和石厚去陳國辦事時，暗中教人殺了他們。州吁被殺，石厚因爲是石碏的兒子，幸運地逃過死劫。但是石碏認爲兒子幫州吁做了不少壞事，罪該萬死，所以派僕人殺掉石厚。

石碏這種爲了正義，寧可犧牲親情的行爲，深受人們欽佩，都稱讚他是「大義滅親」的忠臣。

大義滅親

 解釋 不偏袒犯罪的親人，一切依法律來制裁。

 例句 他是位**大義滅親**、令人欽佩的好法官。

 相似 以義割恩

 相反 公報私仇

 **接龍** 親痛仇快 → 快馬加鞭 → 鞭長莫及

1 根據「大義滅親 / 為義殺孽子」故事內容，下列的敘述何者正確？

　（**A**）石碏殺人已殺紅了眼。

　（**B**）石厚與州吁狼狽為奸，所以都該死。

　（**C**）衛桓公的能力不如州吁，所以被殺。

　（**D**）衛莊公愛子出於天性，寵溺孩子天經地義。

 　【擷取與檢索】

 　【提取訊息】

2 以下「引號內」詞語的運用，正確者為何？

　（**A**）他習慣「公報私仇」，總是公開在報紙上批判私人仇恨。

　（**B**）我做錯事時，爸爸也會「大義滅親」地訓斥我，完全不徇私。

　（**C**）我「以義割恩」割捨他的恩情，他感動不已。

（D）他販賣狼狽，是個「狼狽爲奸」的大奸商。

 【統整與解釋】

 【詮釋整合】

❸ 石碏大義滅親的做法，和下列哪個人的行爲類似？

（A）雅芬不把考試答案給同學抄，同學當場翻臉。

（B）忠義怒斥兒子畫畫不認眞，構圖不理想，要求他一再
重畫。

（C）小阮上學的途中，看到有人在毆打自己的同學，便出
手相救。

（D）小霙老師抓到班上學生作弊，通知訓導主任處理。

 【統整與解釋】

 【詮釋整合】

❹「大義滅親／爲義殺孽子」故事中，對石碏及衛莊公有以
下的描述：「衛莊公很寵愛兒子州吁，養成了他驕蠻好鬥
的個性。老臣石碏曾經多次勸告衛莊公，說：『州吁在
君王的溺愛下，已經變得無法無天，請君王要留意呀！』

『石碏，你太杞人憂天了。州吁還是小孩子，難免淘氣，有什麼好擔心呢？』衛莊公愛子心切，根本聽不進石碏的忠告」，針對這段描述，以下對「石碏」及「衛莊公」的評述何者完全正確？

（A）衛莊公荒淫無道；石碏以下犯上。

（B）衛莊公君威凜凜，不可侵犯；石碏杞人憂天。

（C）衛莊公昏庸大意，聽不進建言；石碏不惜犯上，忠心規勸。

（D）衛莊公廣納建言，洗耳恭聽：石碏忠心耿耿，積極建言。

 【省思與評鑑】

 【比較評估】

❺「大義滅親／為義殺孽子」故事中提到了石碏大義滅親派人殺掉了自己那作惡多端的兒子。你是否認同石碏的想法和做法？如果你是石碏，你也會這樣做嗎？請說明你的理由。

 【省思與評鑑】

 【比較評估】

參考答案

第 ① 題

▶ **滿分**　（B）石厚與州吁狼狽為奸，所以都該死。

> → 在文本中即可擷取訊息。

▶ **零分**　其他答案或沒有作答

（A）石碏殺人已殺紅了眼。

> → 文本中未提及。

（C）衛桓公的能力不如州吁，所以被殺。

> → 文本中未提及衛桓公的能力問題。

（D）衛莊公愛子出於天性，寵溺孩子天經地義。

> → 不該以天性來合理化衛莊公寵溺孩子的錯誤行為。

第 ❷ 題

 滿分　（B）我做錯事時，爸爸也會「大義滅親」地訓斥我，
　　　　　　　完全不徇私。

> →「大義滅親」意指不偏袒親人，一切依法公正地
> 處理。

零分　其他答案或沒有作答
　　　（A）（C）（D）用法均錯誤。

第 ❸ 題

滿分　（D）小霽老師抓到班上學生作弊，通知訓導主任處
　　　　　　　理。

> → 小霽老師不包庇自己的學生，秉公處理，便是
> 「大義滅親」。

零分　其他答案或沒有作答
　　　（A）雅芬不把考試答案給同學抄，同學當場翻臉。

> →不狼狽為奸，與題幹意旨不合。

（B）忠義怒斥兒子畫畫不認眞，構圖不理想，要求他一再重畫。

→ 恨鐵不成鋼，與題幹意旨不合。

（C）小阮上學的途中，看到有人在毆打自己的同學，便出手相救。

→ 行俠仗義，與題幹意旨不合。

第④題

滿分 （C）衛莊公昏庸大意，聽不進建言；石碏不惜犯上，忠心規勸。

→ 能依據題幹敘述內容，正確評述二者。

零分 其他答案或沒有作答

（A）衛莊公荒淫無道；石碏以下犯上。

→ 題幹敘述未提及衛莊公荒淫無道。

（B）衛莊公君威凜凜，不可侵犯；石碏杞人憂天。

→ 題幹敘述中，衛莊公並沒有高高在上的君威，且石碏的擔憂是有觀察根據的，並非杞人憂天。

（D）衛莊公廣納建言，洗耳恭聽：石碏忠心耿耿，
積極建言。

→ 題幹敘述中，衛莊公把建言當耳邊風，並非洗
耳恭聽。

第❺題

滿分 能明確說出是否認同石碏的想法與做法，以及自己是
否會像石碏一樣做，並清楚說明理由。

 參考解答

1️⃣ 我認同石碏大義滅親的想法與做法：
若我是他，我也會這樣做。因為若不大義滅親，而
放任石厚胡作非為，將會對社會、國家造成危害。

2️⃣ 我認同石碏大義滅親的想法，但不認同他的做法：
若我是他，我不會那樣做。因為石厚犯錯應交由國
家執法者以國法處置，而不該私下派人殺害他。

3️⃣ 我不認同石碏大義滅親的想法與做法：
若我是他，我不會那樣做。因為畢竟石厚是石碏的
兒子，養不教、父之過，石碏也有責任，石碏必須
用心把他導向正途，而非派人殺害。

以上三組答案，擇一回答即可。

部分分數　能說出是否認同石碏想法與做法，以及自己是否會像石碏一樣做，但不太能清楚、完整交代理由，或是理由籠統、稍顯牽強。

零分　「答案不充分或意思含糊」或「對文本的理解不精確，或答案不合理或與問題無關」。

A.「答案不充分或意思含糊」，例如：

❶ 我認同，我會跟他一樣，因為本來就應該這樣。

❷ 我不認同，我不會跟他一樣，因為我不想跟他一樣。

B.「對文本的理解不精確，或答案不合理或與問題無關」，例如：

❶ 我認同，我會跟他一樣，因為石碏很酷！

❷ 我不認同，我不會跟他一樣，因為我不會這樣對我的兒子。

向孔子敬禮

這天，孔子的學生：宰我、子貢、有若聚在一起討論學問。

當他們提到古時的堯帝和舜帝時，宰我眼神露出光芒，興奮地說：「堯和舜的賢能是大家公認的，但是我倒覺得老師比他們賢能好幾百倍呢！你們說，對不對？」

坐在窗戶邊的有若雖然沒答腔，卻像搗蒜似的一直點頭。

子貢則是激動地大力鼓掌，贊同地說：「對呀！對呀！還有，老師的觀察力比誰都強，他從先王創作的制度中，就可以知道他們做了哪些政事，他聽先王制定的禮樂，就可以知道他們有沒有傳承良好的道德。」

有若聽完子貢的話，笑著說：「大家的看法都很中肯，老師和一般人相比，無論學問、品德都是人群中最挺拔的，就好像麒麟和走獸、鳳凰和飛鳥、泰山和小土堆、大海和小河，雖然屬於同類，卻有天壤之別。」

後來，人們把有若對孔子的看法，濃縮成「出類拔萃」這句成語，用來讚美對方是最了不起的人才。

出類拔萃

 形容品德、才能超出一般人。萃：草長得很茂盛的
樣子。

 老師說：「我們都是出類拔萃的人才，一定要充滿
信心，不能自暴自棄。」

 冠世之才、冠絕古今、鶴立雞群

 泛泛之輩、碌碌無能

① 根據「出類拔萃／向孔子敬禮」故事內容，可推斷以下何者「並非孔子學生」？

（A）子貢。

（B）宰我。

（C）子魚。

（D）有若。

【擷取與檢索】

【提取訊息】

② 以下四句中，「引號內」詞語的運用何者不恰當？

（A）阿信從小到大表現都相當優秀，相信未來也會是個「出類拔萃」的人才。

（B）耕宏參觀畜牧場，放眼望去看到一片「鶴立雞群」。

（C）杰倫的才華「冠絕古今」，創作歌曲曲風多變，令人百聽不厭。

（D）文山塡詞意境高遠、無人能敵，眞不虧是「冠世之才」。

【統整與解釋】

【詮釋整合】

❸ 有若聽完子貢的話後，以許多同類事物做對比，以凸顯孔子的不凡，例如：「麒麟和走獸」、「鳳凰和飛鳥」……。有若舉這些例子說明這些事物雖屬同類，卻有天壤之別。以下哪個選項中的例子也與有若舉的例子相似？

（A）紅花與白花。
（B）小花與小草。
（C）大樹與小樹。
（D）神木與樹木。

【統整與解釋】

【詮釋整合】

❹ 請根據「出類拔萃／向孔子敬禮」故事內容，仔細觀察孔

子這三位學生的對話與反應。以下對孔子這三位學生「人格特質」的敘述何者最恰當？

（A）有若較沉著內斂，善於類比統整；子貢與宰我較熱情奔放，善於觀察推理。

（B）子貢說話喜歡手舞足蹈；有若和宰我肢體動作較不協調。

（C）子貢和宰我喜歡賣弄學問；有若較喜歡靜靜傾聽。

（D）子貢、有若、宰我都十分狗腿，極盡恭維孔子。

【省思與評鑑】

【比較評估】

❺「出類拔萃／向孔子敬禮」的故事描述了「有若」、「子貢」、「宰我」這三位孔子的學生一起討論學問的對話內容與情景。根據這些內容，你認為這三者中誰最有學問？為什麼這樣認為呢？請說出理由。

【省思與評鑑】

【比較評估】

參考答案

第❶題

滿分 ➤ （C）子魚。

> → 為現代兒童文學作家，非孔子學生。

零分 ➤ 其他答案或沒有作答
（A）（B）（D）選項在文本中均可擷取訊息。

第❷題

滿分 ➤ （B）耕宏參觀畜牧場，放眼望去看到一片「鶴立雞群」。

> → 「鶴立雞群」意指鶴在雞群中顯得突出亮眼，比喻人的儀表才能超群脫凡。故此用法有誤。

零分 ➤ 其他答案或沒有作答
（A）（C）（D）均正確。

第 ③ 題

 滿分

（D）神木與樹木。

→ 與題幹意旨相似，均是同類，卻有「稀有、珍貴」與「常見、一般」的極大差異。

零分

其他答案或沒有作答

（A）（B）（C）均與題幹意旨無關。

第 ④ 題

 滿分

（A）有若較沉著內斂，善於類比統整；子貢與宰我較熱情奔放，善於觀察推理。

→ 能據故事對話內容與互動反應分析：「有若起初沒答腔，聽完子貢與宰我對話後，才統整他們所說的，表達自己看法，並且舉許多例子做類比。子貢與宰我部分，一個興奮地暢述己見，另一人甚至激動得鼓掌，可見外放熱情的性格。而且他們都善於觀察孔子言行，並且把孔子與古聖先賢做比較，以推論出孔子的優越及高明。」

零分 其他答案或沒有作答

（B）子貢說話喜歡手舞足蹈；有若和宰我肢體動作較
　　 不協調。

→ 文本中未提及有若及宰我肢體是否協調。

（C）子貢和宰我喜歡賣弄學問；有若較喜歡靜靜傾
　　 聽。

→ 有若在文本中也會高談闊論。

（D）子貢、有若、宰我都十分狗腿，極盡恭維孔
　　 子。

→ 並非文本的意旨，且三人均言之有物、有理。

第❺題

滿分 能明確說明「宰我」、「子貢」、「有若」三者中的
其中一人最有學問，並說明認定的理由。

參考解答

1⃞ 「宰我」最有學問。因為當他們討論到堯帝和舜帝
　 時，他反應最快，馬上表達自己的看法。必須是熟
　 讀古籍才能有快速反應，因此我認為宰我是三位學
　 生中最有學問的。

2⃞ 「子貢」最有學問。因為子貢說得出孔子從先王創

作的制度及制定的禮樂中觀察到了什麼。子貢說出的內容十分具體詳實，因此我認為子貢最有學問。

3 「有若」最有學問。因為有若不僅能了解「堯」、「舜」及「孔子」都是賢人，還能舉出許多例子去比較、凸顯出「孔子」在這些賢人中鶴立雞群。因此我認為有若最有學問。

以上三組答案，擇一回答即可。

部分分數 能明確說出「宰我」、「子貢」、「有若」三者中的其中一人最有學問，但未能完整、清楚地說明理由，或是理由稍顯牽強。

零分 「答案不充分或意思含糊」或「對文本的理解不精確，或答案不合理或與問題無關」。

A. 「答案不充分或意思含糊」，例如：

❶ 宰我最有學問，因為他有說到堯和舜。

❷ 有若最有學問，因為他說的話最多，所以最有學問。

B. 「對文本的理解不精確，或答案不合理或與問題無關」，例如：

❶ 子貢最有學問，因為他還激動到大力鼓掌。

❷ 有若最有學問，因為他有說到「天壤之別」這個成語。

聽到楚歌就淚崩

「楚漢相爭」是我國著名的歷史故事，當年楚霸王項羽和漢王劉邦互相爭奪天下，誰也不讓誰。後來打累了，他們便約定以鴻溝為界線，彼此不侵犯。

但是聰明的張良向劉邦獻策，他說：「大王，我們應該趁項羽兵力減弱時，率軍追擊，讓他們措手不及。這樣一來，天下就將屬於大王了。」

劉邦聽了很高興，立刻下令張良和陳平追殺項羽的軍隊，同時聯合韓信等人的軍隊，把楚軍圍困在垓下，逼得他們前進無門，後退無路。

晚上，士氣低沉的楚軍突然聽到漢營裡，傳來一陣陣多人合唱的楚歌。

「咦，難道他們已經抓了很多楚國人嗎？否則為什麼會有這麼多人在唱楚歌？」項羽像是戰敗的公雞，再也提不起勁。

其實那些楚歌是張良教漢軍唱的，為的是要動搖楚軍的士氣。最後，自認為沒臉面對家鄉父老的項羽，帶著八百名殘兵，逃到烏江江畔，拔劍自殺死了。後來，人們把當時四周響起楚歌的淒涼戰況，濃縮為「四面楚歌」這句成語。

四面楚歌

 比喻孤立無援，四面都遭到包圍的困境。

 很抱歉，我現在是**四面楚歌**，沒有能力幫你。

 八方受敵、危機四伏、腹背受敵

 歌舞昇平 → 平心靜氣 → 氣宇軒昂

1 根據「四面楚歌／聽到楚歌就淚崩」故事內容，可知下列
   何者並非劉邦的臣子？
   （A）張良。
   （B）陳平。
   （C）韓信。
   （D）項羽。

　　　　　　【擷取與檢索】

　　　　　　【提取訊息】

2 以下四句中，「引號內」詞語的運用何者不恰當？
   （A）下圍棋時，當白子被黑子包圍住，「八方受敵」便難
   　　 以突破困境。
   （B）他捅了我一大刀，從背部刺穿到腹部，害我「腹背受
   　　 敵」，血流不止。
   （C）打戰的時候，時時刻刻都「危機四伏」，必須繃緊神

經。

（D）平時就應小心謹慎，免得讓自己陷入「四面楚歌」的
　　　困境中。

　　　　　　　【統整與解釋】

　　　　　　【詮釋整合】

❸ 根據「四面楚歌／聽到楚歌就淚崩」故事內容，下列的詮
　釋何者較恰當？

（A）張良是個卑鄙無恥的小人。

（B）項羽是個EQ很低的莽夫。

（C）劉邦是個善於用人的君主。

（D）韓信是個只會帶兵作戰的軍閥。

　　　　　　　【統整與解釋】

　　　　　　【詮釋整合】

❹ 「四面楚歌／聽到楚歌就淚崩」故事是「楚漢相爭」中的
　精彩片段，我們可在故事中看到「劉邦」與「項羽」的處
　事之道及命運。俗話說：「性格決定命運。」根據故事內

容的描述，「劉邦」與「項羽」究竟是什麼樣的性格及人格特色，導致截然不同的命運呢？

（A）劉邦逞凶鬥狠；項羽懦弱無能。

（B）劉邦說話不算話；項羽天眞無邪。

（C）劉邦隨機應變；項羽抑鬱多疑。

（D）劉邦好大喜功：項羽忍辱負重。

　【省思與評鑑】

　【比較評估】

❺「楚漢相爭」這段精彩的歷史故事不應只以成敗論英雄，「項羽」也應有他一定的歷史定位。而「劉邦」雖是獲勝者，但取勝的過程中卻也有令人可議之處。請根據「四面楚歌／聽到楚歌就淚崩」故事內容的敘述，說明你「較欣賞哪一位」及「較不欣賞哪一位」，並分別說明理由。

　【省思與評鑑】

　【比較評估】

參考答案

第❶題

滿分 ▶ （D）項羽。

→ 在文本中即可擷取訊息，項羽與劉邦爭天下，非劉邦之臣。

零分 ▶ 其他答案或沒有作答

（A）（B）（C）選項在文本中即可擷取訊息，三人均為劉邦賣命。

第❷題

滿分 ▶ （B）他捅了我一大刀，從背部刺穿到腹部，害我「腹背受敵」，血流不止。

→ 「腹背受敵」意指前後都受到敵人的攻擊。故此用法有誤。

零分 其他答案或沒有作答

（A）（C）（D）均正確。

第 ③ 題

滿分 （C）劉邦是個善於用人的君主。

> → 劉邦聽從張良的計謀，並快速下令由張良、陳平、韓信圍剿項羽，獲得大勝，故善於用人。

零分 其他答案或沒有作答

（A）張良是個卑鄙無恥的小人。

> → 張良是爲其主獻策，不可說是卑鄙。

（B）項羽是個EQ很低的莽夫。

> → 對項羽過度苛責。

（D）韓信是個只會帶兵作戰的軍閥。

> → 片面，不客觀。

第 ④ 題

滿分 （C）劉邦隨機應變；項羽抑鬱多疑。

→劉邦聽從張良之計，趁勝追擊；項羽疑心楚人多被抓，心情更加鬱悶，以致無力奮戰。

零分 其他答案或沒有作答

（A）劉邦逞凶鬥狠；項羽懦弱無能。

→項羽並非懦弱無能。

（B）劉邦說話不算話；項羽天真無邪。

→項羽並非天真無邪。

（D）劉邦好大喜功；項羽忍辱負重。

→項羽無法忍辱負重才在烏江自殺。

第 5 題

滿分 能明確說出「較欣賞哪一位」及「較不欣賞哪一位」，並且理由充分。

參考解答 1 我較欣賞「劉邦」，因為他清楚知道「勝者為王、敗者為寇」的殘酷事實，因此決定不拘先前約定以鴻溝為界的小節，聽從張良的計謀，趁勝追擊項羽。劉邦有做大事業者應有的決心與魄力。

我較不欣賞「項羽」，因為他生性優柔寡斷又多疑，且沒有辦法忍得一時的失敗，效法句踐臥薪嘗膽捲土重來，選擇在烏江自刎，十分不智。

2 我較欣賞「項羽」，因為與其成為劉邦的階下囚，那麼寧願一死！

死並不可怕，可怕的是苟且偷生。項羽寧死不降受人景仰！

我較不欣賞「劉邦」，因為已約好以鴻溝為界，暫時休兵，他卻言而無信，因此令人不齒！

以上兩組答案，擇一回答即可。

 部分分數　能說出「較欣賞何者」及「較不欣賞何者」，但未能清楚說明理由。或僅說明「較欣賞何者」或「較不欣賞何者」其中之一及理由。

零分　「答案不充分或意思含糊」或「對文本的理解不精確，或答案不合理或與問題無關」。

A.「答案不充分或意思含糊」，例如：

❶ 我較欣賞劉邦，因為他贏了！我較不欣賞項羽，因為他輸了！

❷ 我較欣賞項羽，因為他很有種！我較不欣賞劉邦，因為他騙人！

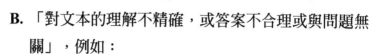

B. 「對文本的理解不精確，或答案不合理或與問題無關」，例如：

❶ 我兩個都喜歡。

❷ 我兩個都不是很欣賞。

倒楣詩人和幸運門客

「平步青雲」是由兩個故事組成的，「平步」和大詩人白居易有關係。

唐朝大詩人白居易的詩很淺白，非常受人們歡迎，連滿頭白髮的老人家，或牙牙學語的小娃娃都喜歡。

可是才華洋溢的白居易卻很倒楣，官運不順，曾經被貶到偏遠的地方做閒官。他沮喪極了！想到自己的好友個個都平坦順利地升上高官，只有他最落魄，真是教人難過。

另外，「青雲」是有關春秋戰國時代，魏朝人范雎（ㄐㄩ）的故事。

范雎本來是魏國大夫須賈的門客，曾經和他一起去齊國。後來，須賈懷疑他和齊國串通，就不分青紅皂白地痛打他，差點把他打死。傷痕累累的他逃到秦國，改名叫張祿，後來還當上了秦國丞相。

須賈有事到秦國時，才發現丞相竟然是范雎，他非常害怕，只好硬著頭皮說：「我想不到您能靠自己的努力，爬到青雲之上，實在太幸運了，我對您佩服得五體投地呀！」

平步青雲

 比喻不費力氣，就能夠順利地達到很高的地位。平
步：比喻平坦順利。

 我們不能光想平步青雲，而不認真努力。

 一步登天、青雲直上、飛黃騰達

 一落千丈

 雲淡風輕 → 輕而易舉 → 舉一反三

PISA 測驗

① 根據「平步青雲／倒楣詩人和幸運門客」故事內容，請問「范睢」不曾到過哪裡？

（A）秦國。

（B）魏國。

（C）吳國。

（D）齊國。

 【擷取與檢索】

 【提取訊息】

② 以下四句中，「引號內」詞語的運用何者不恰當？

（A）他總妄想「一步登天」，從不腳踏實地努力。

（B）那隻貓「飛黃騰達」地追著老鼠跑，彷彿有飛簷走壁的能力。

（C）他仕途順遂，考取功名後就一路「青雲直上」，還當了駙馬。

（D）「平步青雲」是多數人的夢想，誰不想工作順利、快速升遷呢？

 【統整與解釋】

 【詮釋整合】

❸「平步青雲／倒楣詩人和幸運門客」故事中，「須賈懷疑范雎和齊國串通，就不分青紅皂白地痛打范雎一頓」，須賈這樣的做法，和下列何者類似？

（A）老師看到小明課本掉到地上，就幫他把課本撿起來。

（B）老師看到小明課本掉到地上，就疑惑地問他：「課本為什麼會掉到地上？書套太滑了嗎？」

（C）老師看到小明課本掉到地上，就怒斥他：「為什麼課本不放好？趕快放到抽屜裡！」

（D）老師看到小明課本掉到地上，就對著小明說：「你是不是打算要作弊？跟我到訓導處！」

 【統整與解釋】

 【詮釋整合】

4 「平步青雲／倒楣詩人和幸運門客」故事中，「白居易」
　和「范雎」的命運大不同。以下對兩人人生際遇的描述，
　何者最貼切？

　（A）白居易一生仕途不順；范雎人生大起大落。

　（B）白居易窮愁潦倒；范雎吃香喝辣。

　（C）白居易以寫詩爲樂；范雎以周遊列國爲樂。

　（D）白居易熱衷做官卻不得志：范雎無心當官卻平步青
　　　雲。

【省思與評鑑】

【比較評估】

5 如果可以選擇的話，你會想選擇像「白居易」還是像「范
　雎」的人生際遇呢？請說明你爲何如此選擇。

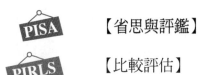

【省思與評鑑】

【比較評估】

參考答案

第❶題

 滿分 ▶ （C）吳國。

> → 在文本中即可擷取訊息。

零分 ▶ 其他答案或沒有作答
（A）（B）（D）選項在文本中可擷取訊息。

第❷題

滿分 ▶ （B）那隻貓「飛黃騰達」地追著老鼠跑，彷彿有飛簷走壁的能力。

> → 「飛黃騰達」比喻仕途順利，官職、地位陞任很快。故此用法有誤。

零分 ▶ 其他答案或沒有作答
（A）（C）（D）均正確。

第 ❸ 題

（D）老師看到小明課本掉到地上，就對著小明說：
　　「你是不是打算要作弊？跟我到訓導處！」

→ 與「須賈懷疑范雎和齊國串通，就不分青紅皂白
地痛打范雎一頓」題幹意旨相似，均是懷疑，且沒
證據就懲處。

零分 → 其他答案或沒有作答

（A）老師看到小明課本掉到地上，就幫他把課本撿
　　起來。

→ 老師出自善意，與題幹意旨不合。

（B）老師看到小明課本掉到地上，就疑惑地問他：
　　「課本為什麼會掉到地上？書套太滑了嗎？」

→ 老師僅疑惑，但是無猜忌、懲處之意，與題幹意
旨不合。

（C）老師看到小明課本掉到地上，就怒斥他：「為什
　　麼課本不放好？趕快放到抽屜裡！」

→ 老師怒斥後教導，與題幹意旨不合。

第❹題

> **滿分**

（A）白居易一生仕途不順；范雎人生大起大落。

> → 文本中指出白居易官運不順；范雎曾爲食客、被凌虐毆打、貴爲秦國丞相。

> **零分**

其他答案或沒有作答

（B）白居易窮愁潦倒；范雎吃香喝辣。

> → 白居易不至窮愁潦倒。

（C）白居易以寫詩爲樂；范雎以周遊列國爲樂。

> → 范雎是不得不周遊列國。

（D）白居易熱衷做官卻不得志：范雎無心當官卻平步青雲。

> → 范雎並非無心當官。

第❺題

> **滿分**

能明確說出想選擇像何者的人生際遇，並且說明理由。

1 我想選擇像「白居易」的人生際遇。因為白居易雖然一生官運不順，甚至被貶到偏遠處做閒官，但也是因為這樣才能讓他有更深刻的人生觀察與體會，也有更多的時間來寫詩創作，以奠定他在唐朝詩歌界的地位。因此，我願意選擇像白居易的人生際遇，以便有更充裕時間來豐富我的學習內涵。

2 我想選擇像「范雎」的人生際遇。因為平順的人生將令人感到索然無味，像范雎那樣大起大落反倒豐富精彩，永遠都不知下一秒會發生什麼事，人生充滿無限可能。因此，我願意選擇像范雎的人生際遇，讓自己的人生有許多不同的嘗試與挑戰。

以上兩組答案，擇一回答即可。

部分分數　能明確說出想選擇像何者的人生際遇，但是未能清楚交代理由，或是理由與選擇的人生際遇不盡貼合。

零分　「答案不充分或意思含糊」或「對文本的理解不精確，或答案不合理或與問題無關」。

A. 「答案不充分或意思含糊」，例如：

❶ 我想選擇像「白居易」的人生際遇，因為他很會寫詩。

❷ 我想選擇像「范雎」的人生際遇，因為我不想沒飯吃。

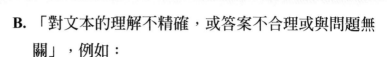

B. 「對文本的理解不精確，或答案不合理或與問題無
關」，例如：

❶ 我想選擇像「白居易」的人生際遇，因為我很喜灣
白居易。

❷ 我想選擇像「范雎」的人生際遇，因為我不想選擇
白居易。

人間極品大帥哥

晉朝有位長得很英俊瀟灑的美男子，叫衛玠。

說起衛玠，當時沒有人不仰慕他的，無論是千金小姐或婦女，甚至是小夥子或老年人，都誇衛玠像是一塊光滑無瑕的白玉，實在太美了！

衛玠的家門口，從早到晚都擠滿了人，都是來瞧瞧他那張英俊的臉。

「喂！請遵守秩序，別插隊！」有個貌美的小姐擠在人群中，臭著臉大聲嚷嚷。

一名年輕小夥子撇撇嘴，不高興地回答：「哪有人插隊？我已經排了好多天，還見不到衛玠。」

只要衛玠一出門，絕對是大塞車，人們駕著馬車團團圍繞著他，想和他說話。這種情形看在衛玠的舅舅王濟眼裡，感到很羨慕，雖然他自己也是美男子，但是和衛玠比起來，還差了一大截。他有感而發地說：「衛玠站在我身旁，令我覺得自己長得真醜呀！」

「自慚形穢」這句成語，就是從這則故事濃縮來的。

自慚形穢

 形容自己不如別人,而感到不好意思。慚:羞愧。
形穢:醜陋,比喻缺點。

 「天生我才必有用」,每個人都有專長,不必自慚
形穢。

 汗顏無地、自愧不如

 目空一切、自命不凡、妄自尊大

 穢語汙言 → 言之有物 → 物以類聚

❶ 根據「自慚形穢／人間極品大帥哥」故事內容，可知人們對衛玠的形容，下列何者為非？

（A）面貌俊帥。

（B）膚如白玉。

（C）引人注目。

（D）臭臉相對。

【擷取與檢索】

【提取訊息】

❷ 同樣是美男子的王濟見到外甥，有感而發的認為「自己長得真醜」，因此延伸出「自慚形穢」一詞，你認為下列哪一項情形也和此相同？

（A）大雄：每次回家寫功課，發現老師明明教過的內容，自己卻都忘記了，只好求助他人幫忙。

（B）胖虎：想憑著自己粗糙的嗓音辦一場演唱會，要求所

有同學都要出席，不管他人是否樂意參加。

（C）小夫：考前翻翻書就覺得自己已經盡力了，因此對剛好及格的分數很不滿意，聽說班上第一名的小杉考前一週就努力準備，這才發現自己努力不夠。

（D）靜香：羨慕別人有高挑的身材，想擁有和模特兒一樣的身高，因此趁青春期發育時努力運動、補充營養。

 【統整與解釋】

 【詮釋整合】

❸ 下列四個句子，何者「引號內」的成語使用不當？

（A）別總是「自慚形穢」！懂得挖掘自己優點並加以發揮，才能建立個人自信。

（B）他向來「妄自尊大」，認為全校沒有人的口才比他更好，因此演說比賽冠軍非他莫屬。

（C）沒想到一位外國人竟然能寫得一手漂亮的書法，讓許多華人「汗顏無地」啊！

（D）「自愧不如」的心態一旦面對失敗，反難跨越低潮。

 【統整與解釋】

 【詮釋整合】

④ 無論貌美的小姐、年輕小夥子等男女老少都要爭睹衛玠的廬山眞面目，連美男子舅舅也自嘆弗如。以上取材，在「自慚形穢／人間極品大師哥」故事中的用意爲何？

（A）連本身外貌條件好的人都想看看衛玠，藉此烘托出衛玠的俊美更勝於一般人。

（B）證明人類的好奇心旺盛，無分族群，只要是新鮮的人事物，都能引來眾多人潮。

（C）提及以女子的美貌、年輕男子的活力與衛玠的特質相似，可知物以類聚。

（D）比起一般人對於衛玠的熱切期盼，衛玠的舅舅則搖頭感嘆，不以爲然。

【省思與評鑑】

【比較評估】

⑤ 俊帥的衛玠受人喜愛，不論身在何處都被團團包圍。如果你是衛玠，你認爲這樣的生活會帶來哪些好處與壞處？請分別列舉至少一項說明。

【省思與評鑑】

【比較評估】

參考答案

第❶題

滿分 （D）臭臉相對。

> → 文本中可用排除法揀選訊息，原本的描述並未提及此點。

零分 其他答案或沒有作答

（A）面貌俊帥。

> → 從文本中可知衛玠是公認的美男子。

（B）膚如白玉。

> → 文本中第二段提及大家都誇衛玠像是白玉，可見其膚質白潤。

（C）引人注目。

> → 由「眾多人排隊爭看衛玠」即可得知訊息。

第❷題

（C）小夫：考前翻翻書就覺得自己已經盡力了，因此對剛好及格的分數很不滿意，聽說班上第一名的小杉考前一週就努力準備，這才發現自己努力不夠。

→「自慚形穢」形容自己不如別人，而感到不好意思。和此選項所提的情形相符。

零分 其他答案或沒有作答

（A）大雄：每次回家寫功課，發現老師明明教過的內容，自己卻都忘記了，只好求助他人幫忙。

→倚賴他人，和題幹意旨不符。

（B）胖虎：想憑著自己粗糙的嗓音辦一場演唱會，要求所有同學都要出席，不管他人是否樂意參加。

→勉強他人，和題幹意旨不符。

（D）靜香：羨慕別人有高挑的身材，想擁有和模特兒一樣的身高，因此趁青春期發育時努力運動、補充營養。

→羨慕他人，但能轉換成積極動力，和題幹意旨不符。

第 ❸ 題

 滿分
（D）「自愧不如」的心態一旦面對失敗，反難跨越低潮。

→「自愧不如」指自己覺得比不上別人。在此不適合本題幹意旨，可以用「自命不凡」一詞替代。

零分　其他答案或沒有作答
（A）別總是「自慚形穢」！懂得挖掘自己優點並加以發揮，才能建立個人自信。

→形容自己不如別人，而感到不好意思。

（B）他向來「妄自尊大」，認為全校沒有人的口才比他更好，因此演說比賽冠軍非他莫屬。

→驕傲自大，自命不凡。

（C）沒想到一位外國人竟然能寫得一手漂亮的書法，讓許多華人「汗顏無地」啊！

→因羞愧而出汗，面子不知擺至何處。形容十分羞慚。

第❹題

（A）連本身外貌條件好的人都想看看衛玠，藉此烘托出衛玠的俊美更勝於一般人。

其他答案或沒有作答

（B）證明人類的好奇心旺盛，無分族群，只要是新鮮的人事物，都能引來眾多人潮。

→ 文本中未提及。

（C）提及以女子的美貌、年輕男子的活力與衛玠的特質相似，可知物以類聚。

→ 文本沒有傳遞物以類聚的觀念。

（D）比起一般人對於衛玠的熱切期盼，衛玠的舅舅王濟則搖頭感嘆，不以爲然。

→ 王濟對於外甥的俊美，感到自慚形穢。

第❺題

能扣住題幹意旨，揣想情境，分別列出一項優、缺點，並解釋清楚即可。

好處：

1 受人矚目之後，自己的行動變得很有影響力，可以做更多事情。

2 把握這個成名的機會，可以利用名氣成為賺錢獲利的方法。

3 受人喜愛，可以聽到許多的讚美，讓自己更有自信。

壞處：

1 每一舉一動都在別人的視線範圍中，生活變得不自由。

2 自己雖然不介意被關注，但是造成家人、街坊鄰居的生活困擾，人情壓力更大。

3 習慣了他人讚美後，更擔憂自己有青春逝去的一天，到時候年老的面容要如何面對？

以上參考答案，好處與壞處僅需各寫一項，說明合理即可。

根據題幹要求的情境，僅能列出一項優點或一項缺點者。或者點出利弊，但未說明完整。

「答案不充分或意思含糊」或「對文本的理解不精確，或答案不合理或與問題無關」。

A. 「答案不充分或意思含糊」，例如：

❶ 我覺得這樣的生活很好。

❷ 只要習慣這樣的生活，順其自然就好了。

B. 「對文本的理解不精確，或答案不合理或與問題無關」，例如：

❶ 被人團團包圍的日子沒有中止的一天。

❷ 衛玠一定也很得意自己的粉絲這麼多。

這種「食安」八卦
太扯了！

從前有個呆頭呆腦的醫生，他經常想些奇奇怪怪的養生方法，而且還大肆地向人介紹。有一天，他又想到吃梨子和棗子的新創舉。

他對病人說：「吃梨子對牙齒很有幫助，但是對脾胃不好，相反的，吃棗子對脾胃很好，卻會傷到牙齒。」

看診的病人都睜大眼睛，提高嗓門問：「真的嗎？」

「當然是真的！我的醫術高明，對養生很內行。」

這時候，有個看起來很聰明的讀書人提出問題，他說：「醫生，我倒有個兩全其美的辦法，既不會傷牙齒，也不會傷脾胃。」

「這麼厲害，說來聽聽吧！」醫生睜大眼睛，好奇地接腔。

「很簡單。吃梨子時，只用牙齒咬，不吞下去，就不會傷脾胃了。吃棗子時，整顆吞進胃裡，這樣就不會妨害牙齒的健康，對脾胃也大有幫助。」

病人們聽了哈哈大笑，只有醫生面紅耳赤，半天說不出話來。

囫圇吞棗

 把棗子整顆吃下去，完全沒有咀嚼，比喻學習時不求眞正的了解。囫圇：整個。

 我們讀書不能囫圇吞棗，否則永遠也學不會。

 不求甚解、生吞活剝

 融會貫通

❶ 根據「囫圇吞棗 / 這種『食安』八卦太扯了」故事內容，下列敘述何者正確？

　（A）醫生正第一次向人介紹奇特的養生法。

　（B）梨子對牙齒有益。

　（C）棗子不利於脾胃。

　（D）為了食用方便，吃棗子可以直接吞下。

 　　　　【擷取與檢索】

 　　　　【提取訊息】

❷ 「為了繳交老師指定的剪報作業，已至燃眉之急的他，匆匆看個標題就動筆寫心得。」這番情形，不適合用下列哪一個詞來形容？

　（A）生吞活剝。

　（B）不求甚解。

　（C）融會貫通。

（D）囫圇吞棗。

 【統整與解釋】

 【詮釋整合】

❸「囫圇吞棗／這種『食安』八卦太扯了」故事中，醫生提出梨子、棗子的養生法，聰明的書生便補充：「吃梨子只要用牙齒咬，吃棗子就整顆吞進胃裡。」書生這麼說的用意是什麼？

（A）好心補充醫生說明不完整處。

（B）向人炫耀自己聰明，理解力比一般人更好。

（C）諷刺醫生的說法愚昧。

（D）教導病人原本缺乏的知識。

 【統整與解釋】

 【詮釋整合】

❹當書生為醫生的話詳加解釋後，病人們哈哈大笑，而醫生則面紅耳赤。你認為這兩者各是什麼樣的心思？

（A）病人：發現矛盾而覺得好笑。　醫生：尷尬。

（B）病人：得到答案而十分滿意。　醫生：生氣。

（C）病人：覺得有趣。　醫生：不知如何是好。

（D）病人：取笑書生。　醫生：憤怒。

　【省思與評鑑】

【比較評估】

5 「囫圇吞棗」是指缺乏真正的了解、未經通盤思考就行動。身為學生的你，假如不願囫圇吞棗的應付考試，在平日與考前應有哪些做法？請結合不同科目的特色，至少列舉三項。

　【省思與評鑑】

　【比較評估】

參考答案

第①題

滿分　（B）梨子對牙齒有益。

> → 在文本中即可擷取訊息。

零分　其他答案或沒有作答

（A）醫生第一次向人介紹奇特的養生法。

> → 文中可擷取訊息。醫生「經常」想些奇怪的養生法，向人大肆介紹。

（C）棗子不利於脾胃。

> → 文本中可擷取訊息。不利於腸胃的水果是梨子。

（D）爲了食用方便，吃棗子可以直接呑下。

> → 文本中可擷取訊息。直接呑下棗子，是爲了避免傷害牙齒。

第 ❷ 題

滿分　（C）融會貫通。

> → 把多方面的知識、道理整合起來,從而獲得全面
> 透徹的了解。和本題幹意旨不相符。

零分　其他答案或沒有作答

（A）生吞活剝。

> → 比喻生硬地模仿、接受他人的想法、經驗等等,
> 不求了解。

（B）不求甚解。

> → 多指學習、工作僅求懂個大概,不求深刻了解。

（D）囫圇吞棗。

> → 把棗子整個吞下去,比喻在學習上不加以分析、
> 選擇,僅籠統地接受。

第 ❸ 題

滿分　（C）諷刺醫生的說法愚昧。

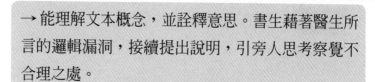

→ 能理解文本概念，並詮釋意思。書生藉著醫生所言的邏輯漏洞，接續提出說明，引旁人思考察覺不合理之處。

零分 其他答案或沒有作答

（A）好心補充醫生說明不完整處。

→ 書生的出發點並非好意。

（B）向人炫耀自己聰明，理解力比一般人更好。

→ 文本中未提及相關訊息。

（D）教導病人原本缺乏的知識。

→ 書生提出的觀點也是瞎扯，不是正確的飲食知識。

第 ❹ 題

滿分　（A）病人：發現矛盾而覺得好笑。　醫生：尷尬。

→ 能連結個人情感經驗，判斷文本中人物的情緒。

零分 其他答案或沒有作答

（B）病人：得到答案很滿意。　醫生：生氣。

> → 與文本的寫法不符。

（C）病人：覺得很有意義。　醫生：不知如何是好。

> → 病人覺得很好笑，並沒有認為書生的建議具意義。

（D）病人：安慰書生。　醫生：感激。

> → 文本中沒有這方面的描述。

第 **5** 題

滿分 能理解題幹意旨，結合生活經驗，寫出學習時踏實、一步一腳印的具體做法。

參考解答

1 國語：平日先釐清字詞意思，並試著由此造新句、閱讀相關文本，確認自己是否能夠運用。

2 數學：將每個公式的由來釐清，著重在理解題目意旨後再列式，而非死背公式。

3 英文：除了背單字，片語、句型也要常念，理解組織句子的結構。

4 歷史：閱讀課本內容，知曉單一的歷史事件之外，

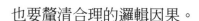

也要釐清合理的邏輯因果。

以上只需挑出三項來寫，或分享其他科目的做法。

部分分數 依科目分享讀書方法，但未能寫滿三項者。

零分 「答案不充分或意思含糊」或「對文本的理解不精確，或答案不合理或與問題無關」。

A.「答案不充分或意思含糊」，例如：

平時回家多複習。

B.「對文本的理解不精確，或答案不合理或與問題無關」，例如：

國、英、數都是學科，即使考前也要認真研讀。

小人和老鼠

　　西漢時有位著名的政論家叫賈誼，很會講故事，也常常用故事來規勸皇上，是位口才很好的人。

　　他眼見皇上成天被小人圍繞，感到很憂心。有一天，他趁著上朝時，對皇帝講個「投鼠忌器」的故事。

　　老鼠是人人都厭惡的小動物，大家雖然想打牠，但是牠偏偏在貴重器物的旁邊，如果打了老鼠，器物恐怕也會毀損，所以十分的猶豫，一直不敢出手。

　　同樣的道理，皇上旁邊的小人就好比是老鼠，忠臣想懲罰小人，卻怕傷到皇上，所以遲遲沒有動靜。

　　而且皇上是以禮義廉恥來治國，臣子犯錯，寧可賜死，也不願對他們施加不仁道的酷刑，因為一旦動用這種刑罰，雖然處罰的是小人，對皇上來說，卻是一種侮辱。

　　賈誼說的這個故事，後來被人們濃縮成「投鼠忌器」這句成語。

投鼠忌器

 解釋 比喻有顧忌，不敢行動。投：扔擲。忌：害怕。器：器皿。

 例句 這件事情牽連到高層主管，處理時難免會有投鼠忌器的感覺。

 相似 打狗看主人

 相反 大刀闊斧、放手一搏、肆無忌憚

 **接龍** 器宇軒昂 → 昂首闊步 → 步履如飛

① 根據「投鼠忌器／小人和老鼠」故事內容，為什麼人們不出手打老鼠？

（**A**）因為老鼠閃躲的速度太快。

（**B**）人們怕損壞老鼠旁邊的貴重器物。

（**C**）因為老鼠群體出現，令人害怕。

（**D**）人們有更好的捕鼠方法。

【擷取與檢索】

【提取訊息】

② 「老鼠是人人都厭惡的小動物，大家雖然想打牠，但牠偏偏在貴重器物旁邊。」此番關係對應到朝廷的不同角色身上，並說明以此譬喻的原因，以下何者配對正確？

（**A**）貴重器物：皇上。因為皇帝地位尊貴，權勢無人能敵，成為偽君子狐假虎威的庇蔭所在。

（**B**）老鼠：小人。因為小人的心胸狹小，獐頭鼠目，和老鼠形象一致。

（**C**）打老鼠的人：小人。因為看忠臣們極不順眼，一直想

除掉那些眼中釘。

（D）貴重器物：忠臣。因為忠言逆耳，肯直言、敢提出意
　　　　見的人，就像昂貴的器物一般珍貴。

　　【統整與解釋】

　　【詮釋整合】

❸下列四句中，「引號內」詞語的運用何者不恰當？

（A）既然比賽已無翻身的希望，你不如就「放手一搏」，
　　　大膽嘗試最新練習的技巧吧！

（B）這件事影響的層面很廣，讓檢察官多了「打狗看主
　　　人」的顧慮，辦起案子困難重重。

（C）他的風格豪放不受拘束，最新的作品選擇在整面牆上
　　　「小心翼翼」的作畫，讓人驚豔。

（D）雖然已發現病症的根源，但癌細胞緊緊連著身體的重
　　　要器官，使醫生「投鼠忌器」，遲遲不敢開刀。

　　【統整與解釋】

　　【詮釋整合】

❹賈誼提到「皇上以禮義廉恥來治國，臣子犯錯，寧可賜

死，也不願對他們施加不人道的酷刑，以免有辱自身。」言下之意是什麼？

（A）讚美皇帝的仁政施行得宜，全國皆能心服口服。

（B）提醒皇帝對待小人要斬草除根，直接施加重刑。

（C）為犯錯的小人留一點情面，請求皇帝分別以禮義廉恥來衡量臣子的作為。

（D）勸皇帝在朝廷上不要破壞君臣的和諧，先消消氣再來處理事情。

【省思與評鑑】

【比較評估】

5 (1)賈誼用「投鼠忌器／小人和老鼠」的故事勸說皇上，表面說的是老鼠，實際上另有所指，這是什麼故事體例？

(2)試著想像以下的生活場景：假如今天你重感冒身體不適，放學走路回家又正逢大雨，這才發現自己忘記帶雨具，想冒雨回家又不知如何是好。同樣「有顧忌而不敢行動」的情形，如何對應到「投鼠忌器」的譬喻？請簡要列出並說明。

【省思與評鑑】

【比較評估】

參考答案

第❶題

 滿分 　（B）人們怕損壞老鼠旁邊的貴重器物。

> → 在文本中即可擷取訊息。

零分 　其他答案或沒有作答

（A）因為老鼠閃躲的速度太快。

> → 文本中沒有提到老鼠閃躲快或慢的描述。

（C）因為老鼠群體出現，令人害怕。

> → 文本強調圍繞在皇帝身旁的小人就像老鼠，沒有
> 提及成群的鼠輩。

（D）人們有更好的捕鼠方法。

> → 文本中未提及。

第❷題

（A）貴重器物：皇上。因爲皇帝地位尊貴，權勢無
人能敵，成爲僞君子狐假虎威的庇蔭所在。

→ 由文本中賈誼所言，可推斷分析訊息。

零分 其他答案或沒有作答

（B）老鼠：小人。因爲小人的心胸狹小，獐頭鼠目，
和老鼠形象一致。

→ 忠臣想消滅小人，故把小人比擬爲過街老鼠，人
人喊打的形象。

（C）打老鼠的人：小人。因爲看忠臣們極不順眼，一
直想除掉那些眼中釘。

→ 打老鼠的人應是忠臣的身分比擬。

（D）貴重器物：忠臣。因爲忠言逆耳，肯直言、敢
提出意見的人，就像昂貴的器物一般珍貴。

→ 貴重器物是藉皇上的身分加以譬喻的形象。

第 ❸ 題

 （C）他的風格豪放不受拘束，最新的作品選擇在整面
牆上「小心翼翼」的作畫，讓人驚豔。

→「小心翼翼」形容恭敬謹慎的樣子。在此使用和
前句矛盾，引號內宜改為「大刀闊斧」。

零分 其他答案或沒有作答

（A）既然比賽已無翻身的希望，你不如就「放手一
搏」，大膽嘗試最新練習的技巧吧。

→「放手一搏」拋棄所有顧忌，全力拚鬥。

（B）這件事影響的層面很廣，讓檢察官多了「打狗看
主人」的顧慮，辦起案子困難重重。

→「打狗看主人」比喻看在某人的面子，饒恕對
方，不再追究。

（D）雖然已發現病症的根源，但癌細胞緊緊連著身
體的重要器官，使醫生「投鼠忌器」，遲遲不
敢開刀。

→「投鼠忌器」比喻想打擊壞人卻有顧忌。

第 ❹ 題

（B）提醒皇帝對待小人要斬草除根，直接施加重刑。

> → 能判斷與省思文本，就文本所述提出見解和推知觀點。

其他答案或沒有作答

（A）讚美皇帝的仁政施行得宜，全國皆能心服口服。

> → 皇帝如果實施仁政，賈誼就不用講「投鼠忌器」這則故事來曉喻皇帝了。

（C）為犯錯的小人留一點情面，請求皇帝分別以禮義廉恥來衡量臣子的作為。

> → 並非賈誼的用意。

（D）勸皇帝在朝廷上不要破壞君臣的和諧，先消消氣再來處理事情。

> → 文本中未提及這方面的訊息。

第⑤題

滿分 能判斷文本的表現形式，並仿作發展為生活應用之訊息，寫出對應的形式分析。

參考解答

1. 「投鼠忌器／小人和老鼠」是一篇寓言故事。
2. 若放學回家時，遇上大雨又忘了帶雨具，「想直接冒雨回家」正如「投鼠」一樣，本來想採取行動，但是「已經感冒的身體，若再淋雨恐怕會加重病情」，這種顧慮如同「忌器」的心態。

部分分數　僅能判斷文本的表現手法，無法分析應用。或者依題幹例子的分析不完整、漏寫表現形式。

零分　「答案不充分或意思含糊」或「對文本的理解不精確，或答案不合理或與問題無關」。

A. 「答案不充分或意思含糊」，例如：
　冒著大雨回家是讓人十分擔心的舉動。

B. 「對文本的理解不精確，或答案不合理或與問題無關」，例如：

❶ 故事採用譬喻法。

❷ 向同學借傘，就可以避免這窘境。

另類的馬皇后

東漢名將馬援有位賢淑貌美的女兒，長大後嫁給漢明帝，被冊封爲皇后。太子漢章帝繼位，他對馬皇后很尊敬，表示想分封官位給太后的兄弟。

但是，馬皇后認爲娘家的兄弟沒有立下汗馬功勞，對國家毫無貢獻，不能平白受封。

有一天，馬皇后回娘家探親，發現娘家的親戚個個穿金戴玉，生活奢侈，而來家裡拜訪的人如車水馬龍般，大家都想和馬家攀關係，提升自己的身分地位，所以家裡的禮物也堆得比山還要高。

馬皇后見了很悶悶不樂，「太奢侈了，這樣下去還得了！」她覺得即使身爲皇親國戚也不能浪費，同時更應該注意自己的言行舉止，怎麼能隨意收禮物？

從此以後，她決定不再給娘家生活上的補助，希望他們能改改驕奢的習性。

賢淑的馬皇后平時一點也不驕氣，穿的是粗布裙，吃的是雜糧，也不佩帶珍貴的首飾，所以很受人民愛戴。

「車水馬龍」這則成語，就是從馬皇后的話濃縮來的。

車水馬龍

 車子像水流一樣，馬很多連接得像一條龍，形容熱鬧的景象。

 夜市裡人來人往，車水馬龍，好熱鬧！

 川流不息、絡繹不絕、熙來攘往

 門可羅雀

 龍爭虎鬥 → 鬥雞走狗 → 狗仗人勢

❶ 根據「車水馬龍／另類的馬皇后」故事內容，對於馬皇后的身分、個性、家庭背景都有些許的描述，下列何者正確？

（A）馬皇后的娘家僅有獨子繼承家業。

（B）馬皇后是漢章帝的姑姑。

（C）馬皇后的品德賢淑。

（D）馬援就是漢明帝的外公。

【擷取與檢索】

【提取訊息】

❷ 當馬援的女兒受封皇后之後，全家人更是穿金戴玉，生活豪奢，還吸引許多人來攀權附貴，得到的禮物比山高。這樣的情形可以用下列哪一句話來形容？

（A）巾幗不讓鬚眉。

（B）由奢入儉難。

（C）一人得道，雞犬升天。

（D）博施濟眾，廣結善緣。

【統整與解釋】

【詮釋整合】

❸ 下列四句敘述，「引號內」的成語使用何者正確？

（A）擁有三十年歷史的蔬果攤名聞遐邇，老闆娘為人又善良大方，天天都有「門可羅雀」的客人。

（B）這座山風景優美，但是地勢陡峭，不易攀登，所以登山客總是「熙來攘往」。

（C）傳統的雜貨店在便利商店出現之後，只剩下「川流不息」的人上門光顧。

（D）這個品牌的家電水準極高，出貨品質又很穩定，難怪訂單「絡繹不絕」。

【統整與解釋】

【詮釋整合】

❹ 東漢馬皇后的娘家親戚不但生活奢侈，迎接如車水馬龍般來訪的人，還收受許多禮物；而馬皇后自己則是穿粗布裙、吃雜糧、不佩帶貴重首飾，也認為娘家的兄弟對國家沒有貢獻，不能平白受封官位。關於文本取材方式與意旨，下列說法何者正確？

（A）將馬皇后和娘家的親戚並列比較，凸顯出馬皇后個人

的德性修養佳，亦提醒人莫為權貴而忘本，莫為富達而財迷心竅。

（B）寫出一般人和馬皇后共有的行為特色，可清楚看出人性的脆弱，容易因外在事物而迷失方向。

（C）將馬皇后、馬皇后的娘家親戚和一般人作比較，三者的不同表現，提醒人們愈是生活簡樸愈能受人喜愛。

（D）藉著馬家人的生活榮景，呼應出馬皇后在皇宮中深受帝王寵愛，甚至愛屋及烏，連皇后的家人都得到優渥的恩寵。

 【省思與評鑑】

 【比較評估】

⑤ 「車水馬龍」的意思是車子像水流一樣，馬很多連接得像一條龍，形容熱鬧的景象。生活中，你曾去過或看過哪個地方也是車水馬龍的景況？若身在其中，你有什麼樣的感覺，請簡要說明。

 【省思與評鑑】

 【比較評估】

參考答案

第 ❶ 題

滿分 ▶ （C）馬皇后的品德賢淑。

> → 在文本中即可擷取訊息。

零分 ▶ 其他答案或沒有作答

（A）馬皇后的娘家僅有獨子繼承家業。

> → 馬家親戚還有皇后的兄弟。

（B）馬皇后是漢章帝的姑姑。

> → 馬皇后是漢章帝的母后輩。

（D）馬援就是漢明帝的外公。

> → 馬援是漢明帝的岳父。

第❷題

 滿分

（C）一人得道，雞犬升天。

> → 比喻一個人得勢，他的親戚朋友也跟著沾光。和題幹意旨相符。

零分

其他答案或沒有作答

（A）巾幗不讓鬚眉。

> → 指女子的表現傑出，不遜於男性。和本文及題幹意旨不符。

（B）由奢入儉難。

> → 指生活習慣要由奢侈改變為儉樸，是很困難的事。和文本及題幹意旨不符。

（D）博施濟眾，廣結善緣。

> → 廣泛地救濟，布施大眾，結下好人緣。和本文及題幹意旨不符。

第❸題

 滿分

（D）這個品牌的家電水準極高，出貨品質又很穩

定，難怪訂單「絡繹不絕」。

→「絡繹不絕」形容人、馬、車、船等連續不斷。合乎此題幹意旨。

零分 其他答案或沒有作答

（A）擁有三十年歷史的蔬果攤名聞遐邇，老闆娘為人又善良大方，天天都有「門可羅雀」的客人。

→「門可羅雀」形容做官的人從擁有權勢到離開政治中心後，來客稀少，十分冷清。現多形容商家生意差，少有客人上門。

（B）這座山風景優美，但是地勢陡峭，不易攀登，所以登山客總是「熙來攘往」。

→「熙來攘往」形容人來人往很熱鬧的樣子。

（C）傳統的雜貨店在便利商店出現之後，只剩下「川流不息」的人上門光顧。

→「川流不息」形容行人、車馬等像水流一樣連續不斷。

第④題

滿分 ▶ （A）將馬皇后和娘家的親戚並列比較，凸顯出馬皇
后個人的德性修養佳，亦提醒人莫為權貴而忘
本，莫為富達而財迷心竅。

> → 能判斷文本的表現形式，並省思文本的意旨。

零分 ▶ 其他答案或沒有作答

（B）寫出一般人和馬皇后共有的行為特色，可清楚看
出人性的脆弱，容易因外在事物而迷失方向。

> → 文本焦點不在批評一般人性的負面特質，而是凸
> 顯主角的美善一面。

（C）將馬皇后、馬皇后的娘家親戚和一般人作比較，
三者的不同表現，提醒人們愈是生活簡樸愈能受
人喜愛。

> → 文本強調馬皇后的儉樸，並沒有提及人們特別喜
> 愛生活儉樸的人。

（D）藉著馬家人的生活榮景，呼應出馬皇后在皇宮
中深受帝王寵愛，甚至愛屋及烏，連皇后的家
人都得到優渥的恩寵。

> → 馬皇帝是受到漢章帝的敬重；娘家人並非受到恩寵，而是想巴結馬家的人很多。

第❺題

滿分

能將所閱讀的內容與自己原有的知識、想法和經驗相連結，經過判斷與省思，提出自己的看法、感受。

參考解答

1 我曾電視上看過百貨公司周年慶時，許多人潮湧入，大肆搶購商品且排隊結帳的情形。若我也置身其中，並無法享受樂趣，只會覺得擁擠、不舒服。

2 我曾參加偶像的演唱會，在正式開始前，就已經有許許多多的歌迷提早排隊趕著進場。演唱會時，上萬人齊聚在館場中，聆聽喜愛的音樂，更是加倍的享受，充滿了共鳴。

答案僅需寫出一次經驗，無論親身經歷或觀察想像，無論喜愛或避之唯恐不及，只要說明合理即可。

部分分數

僅寫出題幹所限定的生活場景，未能補充感受。或者略寫自己對車水馬龍的情形有何想法，但未具體將景況描寫清楚。

零分

「答案不充分或意思含糊」或「對文本的理解不精

確，或答案不合理或與問題無關」。

A. 「答案不充分或意思含糊」，例如：

　　我比較喜歡人少的環境，也偏愛獨處。

B. 「對文本的理解不精確，或答案不合理或與問題無
　　關」，例如：

❶ 我沒有到過人潮眾多、車水馬龍的地方。

❷ 在車水馬龍的路上，容易塞車延誤上課時間。

一場奇夢之旅

　　唐朝時有個人叫淳于棼（ㄈㄣˊ），有一天，他和兩位好朋友在家門前的大槐（ㄏㄨㄞˊ）樹下喝酒。結果，淳于棼一杯又一杯，喝得醉醺醺，朋友只好合力把他扶回床上。躺在床上休息的淳于棼，恍惚中看到自己的未來……

　　也不知道幾歲時，他成爲大槐安國的駙馬爺，還當上南柯郡太守。兒女長大後，也都和皇親國戚結婚，那時候的他，享盡了榮華富貴。

　　日子一天一天地過去，淳于棼年老時，公主死了，從此他抑鬱寡歡，常常一個人喝悶酒。後來，他向國王表示想辭官回鄉養老，國王也允許了。當他回到家鄉時，發現自己竟然睡在床上，而朋友正在洗腳。

　　淳于棼把夢中的事情，一五一十地告訴了朋友，他們感到很不可思議，三人來到大槐樹下，發現樹下有個大蟻穴，蟻穴裡的一草一木竟然和夢裡一模一樣。經過這場夢，淳于棼終於明白人生的名利都是虛幻的。後來，他拋下富貴的生活，獨自去深山修道。

　　「南柯一夢」這句成語，就是從這則故事演變來的。

南柯一夢

 比喻世間所有的名利富貴，就像一場夢。柯：樹枝。

 我以為真的考了第一名，結果只是南柯一夢罷了！

 一場春夢、黃粱一夢

 夢寐以求 → 求全責備 → 備而不用

1 根據「南柯一夢／一場奇夢之旅」的故事內容，關於淳于棼在大槐安國的際遇，下列敘述何者有誤？

（A）成為大槐安國的駙馬爺。

（B）成為大槐安國的南柯郡太守。

（C）成為大槐安國的皇親國戚。

（D）成為大槐安國的王位繼承人。

　　　【擷取與檢索】

　　　【提取訊息】

2 根據「南柯一夢／一場奇夢之旅」的故事內容，淳于棼喝醉之後，夢到成為大槐安國的駙馬爺，一直到夢醒時，其心境轉折為何？

（A）頓悟 →歡喜 →抑鬱。

（B）歡喜 →抑鬱 →頓悟。

（C）歡喜 →頓悟 →抑鬱。

（**D**）抑鬱 →頓悟 →歡喜。

【統整與解釋】

【詮釋整合】

❸根據「南柯一夢／一場奇夢之旅」故事內容，以下四句中，「引號內」詞語的運用何者最合適？

（**A**）美蘭：昨晚夢到偶像都敏俊是我的男友，那真是「一場春夢」！

（**B**）大雄：前天和媽媽一起釀造高粱酒，經過「黃粱一夢」，酒就變好喝了。

（**C**）柯南：每次月考我都考第一名，不愧是「南柯一夢」。

（**D**）靜香：我經過努力，終於拿下鋼琴大賽的冠軍，這真是「槐南一夢」啊！

【統整與解釋】

【詮釋整合】

❹根據「南柯一夢／一場奇夢之旅」故事內容的描述，可用

以下哪一句話來詮釋淳于棼的際遇？

（A）揮汗播種者，必含笑收割。

（B）幸運是機會的影子。

（C）人所想要的東西很多，而真正需要的東西卻很少。

（D）不論前途如何，不管發生什麼事情，我們都不能喪失
鬥志失去希望。

 【統整與解釋】

 【詮釋整合】

❺ 讀完這則故事，你對追求功名利祿有何看法？你覺得追求
功名利祿是好的嗎？請闡述你的想法，並說明好或不好的
理由。

 【省思與評鑑】

 【比較評估】

參考答案

第❶題

滿分　（D）成為大槐安國的王位繼承人。

> → 在文本中並未提及淳于棼為大槐安國的王位繼承人。

零分　其他答案或沒有作答
（A）（B）（C）均可從文本中擷取訊息，為正確的選項。

第❷題

滿分　（B）歡喜 →抑鬱 →頓悟。

> → 淳于棼夢到當上了大槐安國駙馬爺，做了南柯郡太守，享盡榮華富貴，心境是歡喜的。隨後年老時，公主過世，心情轉為抑鬱寡歡。最後辭官回鄉養老，回到家鄉時，發現原來這是一場夢，明白了人生的名利都是虛幻的，是頓悟的心境。

 其他答案或沒有作答

（A）（C）（D）選項均不正確。

第❸題

 （A）美蘭：昨晚夢到偶像都敏俊是我的男友，那眞是「一場春夢」！

 其他答案或沒有作答

（B）大雄：前天和媽媽一起釀造高粱酒，經過「黃粱一夢」，酒就變好喝了。

（C）柯南：每次月考我都考第一名，不愧是「南柯一夢」。

（D）靜香：我經過努力，終於拿下鋼琴大賽的冠軍，這眞是「槐南一夢」啊！

> →「黃粱一夢」、「南柯一夢」、「槐南一夢」均是比喻世間所有的名利富貴，就像一場夢。上述（B）（C）（D）句子中的成語運用不正確。

第❹題

 （C）人所想要的東西很多，而眞正需要的東西卻很少。

→ 本文的主旨是說明人生的名利都是虛幻的，所謂的名利乃身外之物，並非必要的東西，故（C）為正確的解答。

零分 其他答案或沒有作答

（A）揮汗播種者，必含笑收割。

→ 說明努力的重要性，凡經過努力必有斬獲，與題幹意旨不符。

（B）幸運是機會的影子。

→ 說明把握機會的重要性，當機會降臨時，要懂得把握，與題幹意旨不符。

（D）不論前途如何，不管發生什麼事情，我們都不能失去希望。

→ 說明鬥志、希望的重要性，不論遇到任何難關險阻，都不能喪失鬥志失去希望，與題幹意旨不符。

第 5 題

滿分 能明確說明對追求名利的看法，以及闡述能佐證的論點。

參考解答 1 我贊成追求名利。

原因：人生在世，想過得有品質的生活，必須要有好的物質條件。我認爲追求名利，並不代表沉淪於物慾，而是用所追求來的名利，過有品質的生活，讓生活更精彩，甚至讓自己更有能力去幫助需要幫助的人。

2 我反對追求名利。

原因：人生在世，短短數十載，錢財乃身外之物，生不帶來，死不帶去。若一味的追求名利，反而容易蒙蔽雙眼、喪失本心。名利不能帶來眞正的快樂，富貴如浮雲，無法給予精神上的滿足。

部分分數 能說明贊成追求名利或反對追求名利，但未能把理由闡述具體、說明清楚，例如：

1 我贊成追求名利，因爲我覺得追求名利很好。

2 我反對追求名利，因爲大家都覺得追求名利不好。

零分 「答案不充分或意思含糊」或「對文本的理解不精確，或答案不合理或與問題無關」。

A. 「答案不充分或意思含糊」，例如：

追求功名利祿本身並沒有錯，但是要靠實力，並非攀親帶故。

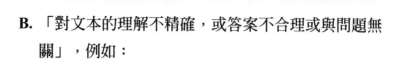

B. 「對文本的理解不精確，或答案不合理或與問題無關」，例如：

追不追求名利，是我長大以後才會知道的事。

都是左思惹的禍

西晉的大文學家左思，講話口齒不清，加上個性木訥，所以沒有什麼朋友，總是一個人孤孤單單地看書，寫文本。

有一年，左思的妹妹被選進宮中，他也藉機搬到熱鬧的洛陽。生平第一次來到大京城的他，對這城市充滿好奇，他決定動筆寫有關城都的文本，叫「三都賦」，也就是魏、蜀、吳三個國家的都城。

左思共花了十年的時間才完成「三都賦」，這十年來，他不斷地拜訪名人，請教他們有關都城的風土民情、老式建築物的由來、當地的野史等等。他全心全力地把精力投注在上面，所以家中連廁所和籬笆都掛滿了紙和筆，爲的就是可以靈感一來，馬上動筆。

「三都賦」完成後，當時的名人紛紛爲文本寫序，讚美左思的才學，因此造成轟動，人人搶著抄寫「三都賦」的內容，以致洛陽的紙因爲嚴重缺貨，價錢高漲。

「洛陽紙貴」就是從這一則故事濃縮來的。

洛陽紙貴

 解釋 形容作品很受歡迎。洛陽：古時候的城市，位於河南省境內，眾多的王朝先後在這裡建都，是中國著名的歷史名城。

 例句 她的魔幻小說非常受歡迎，一上市銷售，就造成洛陽紙貴。

 相反 乏人問津

 **接龍** 貴不可言 → 言不及義 → 義不容辭

① 在「洛陽紙貴／都是左思惹的禍」這篇文本中，提及左思的「三都賦」十分有名，請問下列何者不是三都賦所描述的三個國家的城都之一？

（A）晉。

（B）魏。

（C）蜀。

（D）吳。

　【擷取與檢索】

　　　　　　　　　　　【提取訊息】

② 讀完「洛陽紙貴／都是左思惹的禍」第四段，你認為左思的三都賦之所以會造成轟動的主要原因為何？

（A）有名人背書。

（B）物以稀為貴。

（C）描寫主題特別。

（D）洛陽的紙嚴重缺貨。

【擷取與檢索】

【提取訊息】

❸ 讀完「洛陽紙貴／都是左思惹的禍」這則故事，你認為下
列何者不是左思文筆很好的原因？

（A）左思個性木訥，孤單沒有朋友，所以能有時間飽讀詩
書。

（B）左思投注許多心力，觀察與調查對於都城的風土民
情、建築和野史等等。

（C）左思能做好萬全準備，隨時將靈感寫下來。

（D）左思很有才華，可以快速地完成一篇辭賦。

【擷取與檢索】

【提取訊息】

❹ 以下四句中，「引號內」詞語的運用何者不恰當？

（A）J・K・羅琳的《哈利波特》「膾炙人口」，紅遍大街
小巷，幾乎人手一本。

（**B**）金庸的《笑傲江湖》，內容精彩，廣受讀者青睞，「有口皆碑」。

（**C**）他花費十年心血完成的魔幻小說，大受讀者歡迎，「乏人問津」。

（**D**）五南圖書出版公司發行的《小學生成語故事》十分暢銷，甫一上市便造成「洛陽紙貴」。

 【統整與解釋】

 【詮釋整合】

❺ 讀完「洛陽紙貴／都是左思惹的禍」這則故事，你認為左思這位大文學家有哪些人格特質？而這些特質對於左思的文學創作有何幫助？試列舉二項左思的特質來說明。

 【省思與評鑑】

 【比較評估】

參考答案

第❶題

滿分 （A）晉。

> →左思是西晉人，他所描寫的「三都賦」，是描寫魏、蜀、吳三個國家的都城，故（A）選項非左思所描述的都城。

零分 其他答案或沒有作答
（B）（C）（D）選項，均是三都賦所描述的國家都城。

第❷題

滿分 （A）有名人背書。

> →根據文本第四段：三都賦完成後，當時的名人紛紛為文本寫序，讚美左思才學，因此造成轟動。由此可知，有名人背書讚美，有廣告的效果，遂造成轟動。

零分 ▶ 其他答案或沒有作答

（B）（C）（D）均不是造成左思三都賦膾炙人口的因素。

第 ③ 題

滿分 ▶ （D）左思很有才華，可以很快速地完成一篇辭賦。

> → 左思寫「三都賦」花了十年的光陰，不斷地拜訪名人，請教都城的風土民情，老式建築由來、當地的野史。可見左思是「慢工出細活」的大文學家。

零分 ▶ 其他答案或沒有作答

（A）左思個性木訥，孤單沒有朋友，所以有充足的時間飽讀詩書。

> → 由文本第一段可以得知寂寞的左思，常常一人讀書。

（B）左思投注許多心力，觀察與調查對於都城的風土民情、建築和野史等等。

> → 由文本第三段可以得知左思很認真的寫「三都賦」。

（C）左思能做好萬全準備，隨時將靈感寫下來。

→ 由文本第三段描述左思在家裡、院子掛滿了紙、筆，爲的是靈感一來馬上就能寫稿。

第❹題

満分 （C）他花費十年心血完成的魔幻小說，大受讀者歡迎，「乏人問津」。

→「乏人問津」：比喻銷售不好，沒有人詢問。此處不適用。

零分 其他答案或沒有作答

（A）J・K・羅琳的《哈利波特》「膾炙人口」，紅遍大街小巷，幾乎人手一本。

→「膾炙人口」：形容廣被人們讚美的詩文，或流行的事物。

（B）金庸的《笑傲江湖》，內容精彩，廣受讀者青睞，「有口皆碑」。

→「有口皆碑」：眾人的嘴，猶如記載功德的石碑。比喻廣獲人們稱讚、頌揚。

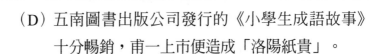

（D）五南圖書出版公司發行的《小學生成語故事》十分暢銷，甫一上市便造成「洛陽紙貴」。

→「洛陽紙貴」：形容作品很受歡迎。

第 ⑤ 題

滿分 ▶ 能舉出二項例子，證明對左思的文學創作有幫助者。

參考解答

1. 左思能耐得住寂寞：

   左思因為口齒不清，個性木訥，沒有什麼朋友，所以總是孤孤單單的看書和寫文本，因為耐得住寂寞，所以左思便擁有了許多讀書的時間，也奠基了他學識淵博的基礎。

2. 左思能用心觀察體會、蒐集資料：

   左思花了十年才完成〈三都賦〉，這十年的期間，走訪許多名人，請教風土民情、觀察老式建築、探詢當地野史，豐富了他取材的內容。

3. 左思能專心致志：

   左思花了十年時間，將精力投注其中，只為完成〈三都賦〉，如此專心致志用心於創作，自然能寫出洛陽紙貴的好文本。

4. 左思能掌握靈感：

   靈感稍縱即逝，左思在家中連廁所和籬笆都掛滿紙

和筆，只爲了靈感一來，可以馬上動筆，如此全心於創作的態度，令人懾服。

以上四組答案，選擇任二種回答即可。

部分分數 能說明左思的特質卻未能舉例，或僅舉出一例，未符合題幹要求。

零分 「答案不充分或意思含糊」或「對文本的理解不精確，或答案不合理或與問題無關」。

A. 「答案不充分或意思含糊」，例如：

左思雖然口才差，但是文筆佳，所以能夠逆轉勝！

B. 「對文本的理解不精確，或答案不合理或與問題無關」，例如：

從左思的故事可以得知外貌不出色的人，憑著努力也可以出頭天。

食客的完美布局

戰國時代，齊國有個叫馮諼（ㄒㄩㄢ）的食客，足智多謀，又有膽識。有一次，孟嘗君派他去薛地收地租，他竟然自作主張燒光了全部的借據，並且告訴薛地的人民，這是孟嘗君的決定，所以當地的百姓都很愛戴孟嘗君。

馮諼回來後，誇自己買了「義」回來。孟嘗君雖然生氣，但是也無可奈何。過了幾年，孟嘗君被解除官位，失意的他來到了薛地，卻受到百姓熱誠的歡迎，這時，孟嘗君才明白什麼叫作「買義」。

但是，馮諼表示狡兔要有三窟才能逃得過獵人的追捕，薛地僅是第一窟，接著，他還要爲孟嘗君尋找更安全的兩窟。於是，他向梁惠王推荐孟嘗君，誇他是治理國家的人才，梁惠王很高興，派人去請孟嘗君來梁國當官，想不到連續三次，孟嘗君都故意拒絕。齊王知道了，也趕緊派人召孟嘗君回來當相國。這就是第二窟。

第三窟是要孟嘗君向齊王請求，在薛地興建宗廟，這樣才能確保薛地的安全。

「狡兔三窟」說的就是馮諼和孟嘗君的故事。

狡兔三窟

解釋　比喻掩蔽的方法多，藏身的計畫很完善。窟：洞穴。

例句　即使歹徒狡兔三窟，最後還是被警察逮捕歸案。

相反　山窮水盡、走投無路

接龍　窟裡拔蛇 → 蛇蠍心腸 → 腸枯思竭

① 根據「狡兔三窟／食客的完美布局」故事內容，下列敘述何者正確？

（A）馮諼幫孟嘗君準備了三隻兔子以度過難關。

（B）馮諼是個足智多謀又有膽識的獵人。

（C）馮諼燒光了借據，是因為老百姓還不起孟嘗君借款。

（D）馮諼向梁惠王推荐孟嘗君是治國的良才，是狡兔三窟的第二窟。

 【擷取與檢索】

 【提取訊息】

② 根據「狡兔三窟／食客的完美布局」一文，以下四句中，「引號內」詞語的運用何者不正確？

（A）他深懂「狡兔三窟」的道理，向來準備周全，因此遇事能臨危不亂，順利達成任務。

（B）我已經「山窮水盡」，想不出方法來解決問題！

（C）我請教老師後，終於「走投無路」地找出解決問題的辦法。

（D）凡事若有「狡兔三穴」的準備，相信遇到困難時也能迎刃而解。

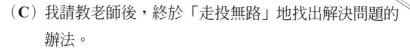

【統整與解釋】

【詮釋整合】

❸ 根據「狡兔三窟 / 食客的完美布局」故事內容，整理出馮諼為孟嘗君準備了哪三種避禍的方法？

狡兔三窟	方　法	目　的
第一窟		
第二窟		
第三窟		

【統整與解釋】

【詮釋整合】

4 想想看，「狡兔三窟／食客的完美布局」這則故事，主要想說明什麼道理？

（A）我們應成為一個足智多謀又有膽識的人。

（B）我們應準備多種解決問題的方法，才能臨危不亂。

（C）我們要敬天地、重仁義。

（D）我們應儲備能力學識，將來才能成就一番事業。

 【省思與評鑑】

 【比較評估】

5 北宋王安石，讀了孟嘗君的故事之後，曾經說孟嘗君的門下食客多為「雞鳴狗盜」之徒，真正優秀的人才不會到孟嘗君的門下當謀士。你認同王安石的說法嗎？請說明你認同或不認同的理由。

（註：戰國時秦昭王囚孟嘗君，打算加以殺害。孟嘗君的門客，一個裝狗入秦宮偷白狐裘；另一個學雞叫使函谷關的守衛以為天亮了而打開城門，孟嘗君因此順利脫逃。）

「雞鳴狗盜」：比喻微不足道的技能。

 【省思與評鑑】

 【比較評估】

參考答案

第❶題

> **滿分**

（D）馮諼向梁惠王推荐孟嘗君是治國的良才,是狡
兔三窟的第二窟。

> → 根據「狡兔三窟／食客的完美布局」第三段內
> 容,得知馮諼向梁惠王推荐孟嘗君是治國的良才,
> 是狡兔三窟的第二窟。

> **零分**

其他答案或沒有作答

（A）馮諼幫孟嘗君準備了三隻兔子以度過難關。

> →「狡兔三窟」,比喻藏身的地方有好幾個地點,
> 才便於避禍,與兔子沒有關係。

（B）馮諼是個足智多謀又有膽識的獵人。

> → 馮諼是孟嘗君門下的食客,為孟嘗君出謀略。

（C）馮諼燒光了借據,是因為老百姓還不起孟嘗君借
款。

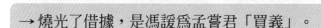

→燒光了借據，是馮諼為孟嘗君「買義」。

第 ② 題

滿分　（C）我請教老師後，終於「走投無路」地找出解決問
題的辦法。

→走投無路：比喻陷入困境，想不出解決問題的辦
法。

零分　其他答案或沒有作答

（A）他深懂「狡兔三窟」的道理，向來準備周全，
因此遇事能臨危不亂，順利達成任務。

→「狡兔三窟」是比喻有多處藏身的地方或多種避
禍的準備。

（B）我已經「山窮水盡」，想不出方法來解決問題！

→山窮水盡：山和水都到了盡頭，前面無路可走。
比喻陷入絕境。

（D）凡事若有「狡兔三穴」的準備，相信遇到困難
時也能迎刃而解。

→同「狡兔三窟」。

第❸題

滿分 能完整寫出馮諼爲孟嘗君準備的三種避禍方法，以及這麼做的目的。

狡兔三窟	方　　法	目　　的
第一窟	到薛地收地租，竟燒光了全部的借據，並告訴薛地的人民，這是孟嘗君的決定，讓當地百姓都很愛戴孟嘗君。	爲孟嘗君「買義」。
第二窟	向梁惠王推荐孟嘗君，誇他是治國人才，梁惠王延請孟嘗君到梁國當官，他卻故意拒絕。	讓齊王派人請孟嘗君當相國。
第三窟	向齊王請求，在薛地興建宗廟。	確保在薛地的安全。

部分分數 僅能寫出部分馮諼爲孟嘗君準備的避禍方法，以及這麼做的目的。

零分 「答案不充分或意思含糊」或「對文本的理解不精確，或答案不合理或與問題無關」。

A. 「答案不充分或意思含糊」，例如：

馮諼準備的三窟都能發揮保命效用。

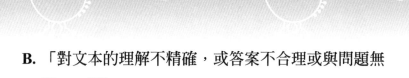

B. 「對文本的理解不精確，或答案不合理或與問題無關」，例如：

「船到橋前自然直」，馮諼太鑽牛角尖了。

第 ❹ 題

（B）我們應準備多種解決問題的方法，才能臨危不亂。

> → 文本中著重在馮諼為孟嘗君準備了「狡兔三窟」三種避禍的方法。

零分 其他答案或沒有作答

（A）（C）（D）均非文本所要表達的重點，與題幹旨意不符。

第 ❺ 題

滿分 能明確寫出贊成或不贊成王安石論點的看法或理由。

參考解答 ① 贊成王安石的看法：

理由：所謂「物以類聚，人以群分」，若孟嘗君門下的食客只會學雞鳴叫聲，或當盜賊偷東西的話，就不是真正的人才，好的人才也會覺得不可「與之

同群」，自然不會投靠到孟嘗君的門下。

② 不贊成王安石的看法：

理由：孟嘗君的胸懷就如同大海一般海納百川，因此所有人才會匯聚到他的門下。即便是雞鳴狗盜之徒，也是協助孟嘗君度過難關險阻的人，又豈知那些人沒有其他的長才？更何況雖有雞鳴狗盜之徒，也有像馮諼這樣有膽有謀的門客，因此我不贊成王安石的看法。

以上參考答案擇一寫出即可。

部分分數　能寫出贊成王安石的看法與否，但論點並不周全。

零分▶　「答案不充分或意思含糊」或「對文本的理解不精確，或答案不合理或與問題無關」。

A. 「答案不充分或意思含糊」，例如：

王安石的看法太激烈，因為並非出色的人一定是大人物。

B. 「對文本的理解不精確，或答案不合理或與問題無關」，例如：

王安石罵人「雞鳴狗盜」，非常沒有風度。

戰神項羽大進擊

　　秦朝末年，天下局勢陷入混亂，秦朝於是派大將軍章邯（ㄏㄢˊ）攻打趙國，大批軍隊猛烈攻擊趙國的城都鉅鹿。趙國根本沒有力量反擊，只好派快馬向楚國求援。

　　「請楚國派兵救趙國！」趙國來的使者神情慌張，看起來很狼狽的樣子。

　　「你回去稟報趙王，表示楚國一定盡全力援救。」楚懷王義不容辭地答應，他命項羽率領二萬名士兵救援鉅鹿。

　　項羽意氣風發地帶領軍隊渡河後，就命令士兵擊沉一艘艘的船，敲破所有的鍋子，燒毀駐紮的軍營，然後僅帶三天的乾糧，表示要全力一搏，三天內絕對要打敗秦兵，如果不成功，就不回國。

　　「兄弟們，全力進攻！」項羽高昂的鬥志，足以驚天地，泣鬼神。

　　這次戰役就是歷史上著名的「鉅鹿之戰」，項羽憑著堅毅的決心和過人的勇氣，終於以寡擊眾，打敗了秦國的軍隊。

　　「破釜沉舟」這句成語，就是從這則故事演變來的。

破釜沉舟

 形容下定決心，堅持到底。釜：鍋子。舟：船。

 學習只要抱著破釜沉舟的決心，就容易有成效。

 孤注一擲、背水一戰、義無反顧

 舟中敵國 → 國土無雙 → 雙管齊下

1 根據「破釜沉舟／戰神項羽大進擊」故事內容，破釜沉舟的故事背景，是發生在歷史上哪一場戰役？

（A）赤壁之戰。

（B）官渡之戰。

（C）夷陵之戰。

（D）鉅鹿之戰。

 　　　　【擷取與檢索】

 　　　　【提取訊息】

2 根據「破釜沉舟／戰神項羽大進擊」故事內容，項羽能憑著堅毅的決心和過人的勇氣，以寡及眾，打敗秦國的軍隊，其主因為何？

（A）項羽的軍隊驍勇善戰。

（B）項羽的軍隊熟知作戰地形和作戰謀略。

（C）項羽的軍隊已無退路，只能全力一搏。

（D）項羽的軍隊人數眾多，占有優勢。

 【擷取與檢索】

 【提取訊息】

❸根據「破釜沉舟／戰神項羽大進擊」故事內容，以下四句中，「引號內」詞語的運用何者最合適？

（A）學習外文只要抱著「破釜沉舟」的決心，必定能有成效。

（B）遇到難題，「背水一戰」很容易失敗。

（C）他「義無反顧」地做壞事，傷了母親的心。

（D）這件事能「孤注一擲」地處理，真是太好了。

 【統整與解釋】

 【詮釋整合】

❹根據「破釜沉舟／戰神項羽大進擊」故事內容，項羽能夠在「鉅鹿之戰」打敗秦軍，他用的方法是什麼？請詳細寫出項羽的作戰方法，並剖析項羽是哪種個性特質的人？

【省思與評鑑】

 【比較評估】

❺ 戰國的趙括擅長談論兵法，卻不懂得靈活變通，秦國大將白起便故意散布，說秦國最怕趙括領軍。果然趙王中計，下令由趙括代替廉頗率領四十萬大軍，在長平與秦兵對抗，結果此役趙軍大敗，被坑殺四十萬人。趙括的故事，便是「紙上談兵」典故的由來，請比較項羽（鉅鹿之戰）與趙括（長平之戰）這兩位將領的異同。

異同＼人物	相　異	相　同
項　羽 （鉅鹿之戰）		
趙　括 （長平之戰）		

 【省思與評鑑】

 【比較評估】

126

參考答案

第❶題

 滿分

（D）鉅鹿之戰

→ 根據「破釜沉舟／戰神項羽大進擊」第六段內容，可以得知破釜沉舟是鉅鹿之戰的故事。

零分

其他答案或沒有作答

（A）赤壁之戰　（B）官渡之戰　（C）夷陵之戰為三國時期的戰役。

第❷題

滿分

（C）項羽的軍隊已無退路，只能全力一搏。

→ 項羽率軍擊沉一艘艘的船，敲破所有的鍋子，燒毀駐紮的軍營，僅帶三天的乾糧，全力一搏，憑藉堅毅的決心和過人的勇氣，終於能以寡擊眾，打敗秦國軍隊。

其他答案或沒有作答

（A）（B）（D）均不是項羽獲勝的主要原因。

第❸題

滿分
（A）學習外文只要抱著「破釜沉舟」的決心，必定能有成效。

> →「破釜沉舟」：形容下定決心，堅持到底。

零分
其他答案或沒有作答

（B）遇到難題，「背水一戰」很容易失敗。

> →「背水一戰」：比喻面臨絕境，為求得出路而作最後一次努力。

（C）他「義無反顧」地做壞事，傷了母親的心。

> →「義無反顧」：絕對不退縮回顧。

（D）這件事能「孤注一擲」地處理，真是太好了。

> →「孤注一擲」：賭博時將所有的錢拿去下注，用一擲來決定贏或輸，希望能一次贏回來。比喻危險緊急時投入全部力量，冒險行事。

第 ❹ 題

能完整寫出項羽作戰的方法，並能剖析項羽的個性。

1 作戰方法：

項羽率領二萬名士兵渡河之後，做了三件事：

(1)擊沉一艘艘的船。

(2)敲破所有的鍋子。

(3)燒毀駐紮的軍營。

藉此告誡士兵毫無退路，只能帶著三天的乾糧，全力一搏，三天內便要打敗秦兵，若不成功就不回國。

2 項羽的個性：

(1)項羽破釜沉舟的作法，顯示他有非凡的膽識、過人的自信，也顯示出他強烈想獲勝的企圖心。

(2)從項羽能在鉅鹿之戰以寡及眾，打敗秦國軍隊，可見項羽堅毅的決心和過人的勇氣。

能寫出項羽作戰的方法，並剖析項羽的個性，但內容並不完整，例如：

項羽用破釜沉舟的方法打贏這場仗，顯示出項羽堅毅的決心。

「答案不充分或意思含糊」或「對文本的理解不精確，或答案不合理或與問題無關」。

A. 「答案不充分或意思含糊」，例如：

　　因為項羽是戰神，所以打贏這場戰爭。

B. 「對文本的理解不精確，或答案不合理或與問題無關」，例如：

　　「勇者無敵」這句話正是項羽的寫照。

第❺題

滿分 能完整寫出項羽與趙括異同之處。

人物 ＼ 異同	相　異	相　同
項　羽 （鉅鹿之戰）	1. 項羽非紙上談兵之人，有實際作戰經驗。 2. 項羽懂得運用「破釜沉舟」的方法，激勵士兵奮勇殺敵。 3. 項羽在鉅鹿之戰以寡擊眾，大破秦兵。	1. 二人均為戰國時期的人物。 2. 這兩場戰役作戰的對象，都是秦國士兵。
趙　括 （長平之戰）	1. 趙括說的一口好兵法，卻無實戰經驗，不知變通。 2. 在長平之戰以眾擊寡，卻被秦兵打的落花流水，被秦軍坑殺四十萬士兵。	

部分分數 能寫出部分項羽與趙括異同之處。

零分 「答案不充分或意思含糊」或「對文本的理解不精確，或答案不合理或與問題無關」。

A. 「答案不充分或意思含糊」，例如：

❶ 項羽是說到做到，非常有實力的人。

❷ 趙括是書呆子，只會講兵法不會打仗。

B. 「對文本的理解不精確，或答案不合理或與問題無關」，例如：

我們不能光從一場戰役來評斷他人，這樣未免太不客觀了。

哄騙猴子的人

　　古時候有個人養了好幾隻猴子，他發現光是猴子吃的食物，就是一大筆開銷，感到有點吃力。他心想：「我一定得想個法子，減少花費才行。」

　　聰明的他很了解猴子，他知道猴子愛計較，所以就對猴子說：「各位猴子大哥，你們最近學雜耍進步神速，所以我決定給你們更豐富的食物。」

　　「萬歲！萬歲！」猴子開心地又跳又叫。

　　其中有一隻猴子好奇地問：「食物會變得比較多嗎？」

　　養猴人點點頭，說：「每天早上吃三包果實，下午吃四包，好不好？」

　　「不好！才三包，好少。」猴子不肯答應，牠們覺得主人好吝嗇。

　　「猴子大哥，別生氣，我改成早上餵你們吃四包果實，下午餵三包，這樣總行了吧！」

　　猴子們聽到早上變多了一包，都滿意地點點頭。這些猴子卻不知道上當了，還高興地手舞足蹈。

　　後來，人們根據這則故事，濃縮成「朝三暮四」這句成語。

朝三暮四

 解釋 比喻人意志不堅定，反反覆覆。

 例句 做事情如果朝三暮四，一定很難成功。

 相似 反覆無常、出爾反爾、朝秦暮楚

 相反 一心一意、堅定不移、始終如一

 **接龍** 四季如春 → 春風滿面 → 面不改色

1 根據「朝三暮四 / 哄騙猴子的人」故事內容，猴子不高興的原因是下列哪一項？

　　（A）食物的品質變差了，果實從甜的變成酸的。

　　（B）主人每天餵他們吃東西的時間要延後。

　　（C）主人要把餵牠們的食物分量減少。

　　（D）主人要飼養新的猴子來取代牠們的地位。

　　【擷取與檢索】

　　【提取訊息】

2 故事中主人打算減少餵食猴群的果實數量，變成早上吃三包，下午吃四包，猴子們不願意接受。根據這項敘述，依「常理」推斷，猴子們原先得到的食物比較可能是下列哪個選項呢？

　　（A）早上吃三包果實，下午吃兩包果實。

　　（B）早上吃十包果實，下午吃十包果實。

（C）早上和下午同樣各吃三包果實。

（D）早上吃四包果實，下午吃五包果實。

【擷取與檢索】

【提取訊息】

❸ 根據「朝三暮四／哄騙猴子的人」故事內容，下列哪一個選項中，成語的運用正確？

（A）大雄一會兒提議要打棒球，一會兒提議要看漫畫，真是「反覆無常」。

（B）胖虎媽媽是菜販，每天很早就要出門批貨，真是「朝三暮四」，辛苦極了。

（C）小夫家境富裕，父母經常帶他去不同的國家旅遊，真可說是「朝秦暮楚」。

（D）小杉聰明用功，每次都是班上的第一名，同學都誇他是「一心一意」。

【統整與解釋】

【詮釋整合】

④根據「朝三暮四／哄騙猴子的人」故事內容，猴子的心情有哪四種轉變？轉變的原因又分別是什麼？

心情轉變	轉變的原因

　　　　【統整與解釋】

　　　　【詮釋整合】

⑤「朝三暮四」這則成語出自《莊子》，原本只說「這個人喜歡獼猴，所以養了成群的獼猴，傾家蕩產來餵養他們」；但是在「朝三暮四／哄騙猴子的人」這則故事中，這個人卻「訓練猴子學雜耍」，這樣的差別，會不會影響到你對他「減少猴子食物」做法的觀感，為什麼？

　　　　【省思與評鑑】

　　　　【比較評估】

參考答案

第❶題

▶ 滿分

（C）主人要把餵牠們的食物分量減少。

> → 由文本中描述猴子認為「不好！才三包，好少。」等句，可擷取訊息。

▶ 零分

其他答案或沒有作答
（A）（B）（D）選項在文本中均未提及相關訊息。

第❷題

▶ 滿分

（D）早上吃四包果實，下午吃五包果實。

> → 文本中的養猴人為了要減少花費，才調整猴子所吃的果實數量。但猴子愛計較所以若減少太多，也不行。由最後早上四包，下午三包，總共「七包」的結果，可以推論原先的份量是再多一點，以「九包」最為合理。

零分 其他答案或沒有作答

（A）早上吃三包果實，下午吃兩包果實。

> → 原本共五包，增加成七包並不合理。

（B）早上吃十包果實，下午吃十包果實。

> → 原本共二十包，減少成七包，相差太遠，也不合理。

（C）早上和下午同樣各吃三包果實。

> → 原本共六包，增加成七包，並不合理。

第 ❸ 題

滿分

（A）大雄一會兒提議要打棒球，一會兒提議要看漫畫，真是「反覆無常」。

> → 「反覆無常」：形容變化不定，一會兒決定這樣做，一會兒又決定那樣做。

零分 其他答案或沒有作答

（B）胖虎媽媽是菜販，每天很早就要出門批貨，真是「朝三暮四」，辛苦極了。

→「朝三暮四」：比喻意志不堅定，反反覆覆。

（C）小夫家境富裕，父母經常帶他去不同的國家旅
遊，眞可說是「朝秦暮楚」。

→「朝秦暮楚」：比喻想法反覆無常或四處飄泊，
行蹤不穩定。

（D）小杉聰明用功，每次都是班上的第一名，同學
都誇他是「一心一意」。

→「一心一意」：比喻心思、意念專一。

第❹題

滿分 能具體寫出猴子的心情有哪四種轉變，及其轉變的原
因。

心情轉變	轉變的原因
開心	主人誇獎他們雜耍練得好，所以要給他們更豐富的食物。
好奇	想知道食物的分量會不會變得比較多。
生氣不滿	覺得主人提供的食物太少，早上只有三包果實，主人太小氣。
滿意（開心、高興）	主人把早上的果實數量提高成四包，猴子以爲自己能獲得比較多的食物。

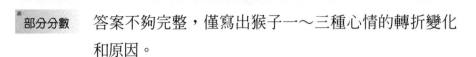

部分分數 答案不夠完整，僅寫出猴子一～三種心情的轉折變化和原因。

零分 「答案不充分或意思含糊」或「對文本的理解不精確，或答案不合理或與問題無關」。

A. 「答案不充分或意思含糊」，例如：

猴子對主人的作法很不滿。

B. 「對文本的理解不精確，或答案不合理或與問題無關」。

用不著理會猴子的心情，等牠們肚子餓了就會吃，不再鬧脾氣。

第❺題

滿分

參考解答 1 觀感會有影響：

在原本故事中，這個人是因為喜歡猴子才飼養牠們，並沒有利用牠們來賺錢，他對猴子的付出是不求回報的。所以當他沒辦法再負擔這麼多食物時，他只好減少供應量，這麼做是不得已的。

在「朝三暮四」的故事中，主人訓練猴子學習雜耍，是想利用牠們來表演賺錢。猴子一直辛苦的練

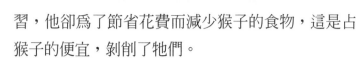

習，他卻為了節省花費而減少猴子的食物，這是占
猴子的便宜，剝削了牠們。

2 觀感不會有影響：

雖然原本故事中的猴子主人，是因為喜歡猴子才飼
養牠們，並沒有想藉著牠們來賺錢，所以他對猴子
的付出令人欽佩和同情。而在這則「朝三暮四／哄
騙猴子的人」故事中，並沒有說他訓練猴子學習雜
耍是有目的的，也許是為了讓猴子多一些運動與遊
戲。他對猴子的付出也沒有其他目的，所以一樣值
得我們欽佩和同情。

以上二組答案，擇一回答即可。

部分分數 能說明自己對養猴人的看法並說明原因，但答案並不
完整。

零分 「答案不充分或意思含糊」，或「對文本的理解不精
確，或答案不合理或與問題無關」。

A.「答案不充分或意思含糊」，例如：

主人沒有多餘的錢買食物，猴子應該共體時艱。

B.「對文本的理解不精確，或答案不合理或與問題無
關」，例如：

其實糧食短缺可以去外面採野生水果，養猴子的人
不夠聰明。

搞笑的畫蛇比賽

古時候，楚國有位負責廟堂祭祀的人，他在祭祀結束後，賞給幫忙辦事的人一壺酒。但是，人太多，酒太少，不夠每人喝一口。後來，大夥決定用比賽畫蛇的方法，誰在沙地上先畫好蛇，就可以喝那壺酒。

比賽開始後，有一個人三兩下就畫好蛇，「畫蛇好簡單！」那個人一邊說，一邊拿起酒壺，準備暢飲。

「哈哈！我來替蛇畫上腳，讓牠成為飛毛腿。」這個人又拿起樹枝，得意地替蛇畫上四隻腳。

「等一下！你沒資格喝！」這時候，也有人畫好了，他不客氣地搶下酒壺，說：「你真好笑，世界上哪來有腳的蛇？現在你替蛇畫上腳，就不像是蛇了，所以這壺酒應該是我的。」

第二個完成的人好神氣，他開心的一口接一口地喝酒，味道好極了！

這個故事傳開後，人們覺得好有趣，就根據這則故事，濃縮成「畫蛇添足」這句成語。

畫蛇添足

比喻做事情多此一舉，不但沒有好處，反而會把事情弄糟。

畫蛇添足反而會搞砸事情。

多此一舉、弄巧成拙

恰如其分、恰到好處

足智多謀 → 謀事在人 → 人才濟濟（ㄐㄧˇ ㄐㄧˇ）

1 因爲只有一壺酒，在「畫蛇添足／搞笑的畫蛇比賽」這則
故事中，幫忙辦理祭祀的人就用比賽畫蛇來決定誰可以
喝，最後喝那壺酒的人是誰呢？

　　（A）負責辦理廟堂祭祀的人。

　　（B）第二個把蛇畫完的人。

　　（C）他們決定平均分配，每個人都能喝一口。

　　（D）沒有人喝到酒，因爲酒灑了一地。

【擷取與檢索】

【提取訊息】

2 在「畫蛇添足／搞笑的畫蛇比賽」這則故事中，爲什麼最
快把蛇畫完的人，沒有喝到作爲獎品的那壺酒呢？

　　（A）他自作聰明，畫完蛇之後又多畫了四隻腳，有了腳的
　　　　　蛇就不算是蛇了。

　　（B）因爲其他人認爲他畫的蛇太醜，沒有資格喝那壺酒。

（C）因為另外一個人的力氣比較大，把酒壺搶走了，所以
　　 他喝不到酒。

（D）他還來不及喝，給他們酒的人就反悔了，把酒收了回
　　 去。

【擷取與檢索】

【提取訊息】

❸ 根據「畫蛇添足／搞笑的畫蛇比賽」故事內容敘述，下列
　 哪則成語的運用並「不」恰當？

（A）玩遊戲時，魯夫常出些好點子幫助隊友獲勝，大家都
　　 誇他「足智多謀」。

（B）喬巴已經當了好幾次班長，對班級事物早就「胸有成
　　 竹」，駕輕就熟。

（C）索隆很擅長雕塑，老師常誇獎他能「畫蛇添足」，把
　　 作品做得栩栩如生。

（D）娜美個性溫和文靜，在團體活動中總能「恰如其
　　 分」，扮演好自己的角色。

【統整與解釋】

【詮釋整合】

④ 如果你是故事中畫完了蛇，也喝到了酒的那個人，在整件事情的過程中，你的心情會怎樣的轉變，請寫出心情變化的五種階段及原因。

心情變化（情緒）	變化的原因

 【省思與評鑑】

 【比較評估】

⑤ 在「畫蛇添足／搞笑的畫蛇比賽」故事中，第一個把蛇畫好的人，明明已經獲得勝利，卻因為幫蛇加上不該存在的腳而落敗，失去了享用那壺酒的機會。你覺得他這麼做的原因是什麼呢？

 【省思與評鑑】

 【比較評估】

參考答案

第❶題

 滿分　（B）第二個把蛇畫完的人。

> →由文本第五段可擷取訊息。

零分　其他答案或沒有作答
（A）（C）（D）選項文本中均未提及。

第❷題

滿分　（A）他自作聰明，畫完蛇之後又多畫了四隻腳，有
了腳的蛇就不算是蛇了。

> →由文本第四段可擷取訊息。

零分　其他答案或沒有作答
（B）（C）（D）選項文本中均未提及。

第 ❸ 題

> **滿分**　（C）索隆很擅長雕塑，老師常誇獎他能「畫蛇添足」，把作品做得栩栩如生。

> → 比喻做事情多此一舉，不但沒有好處，反而把事情弄糟。用法有誤，宜改為「手藝精湛」。

> **零分**　其他答案或沒有作答
> （A）玩遊戲時，魯夫常出些好點子幫助隊友獲勝，大家都誇他「足智多謀」。

> → 足智多謀：形容善於料事和謀畫。

> （B）喬巴已經當了好幾次班長，對班級事物早就「胸有成竹」，駕輕就熟。

> → 胸有成竹：比喻事前已經有了完善的計畫，因此做事很有把握。

> （D）娜美個性溫和文靜，在團體活動中總能「恰如其分」，扮演好自己的角色。

> → 恰如其分：形容說話、行事十分恰當，能遵守規定。

第 ④ 題

滿分
能完整寫出畫完蛇、喝到酒的人，其五種心情變化，及其心情變化轉折的原因。

心情變化	變化的原因
緊　　張	在比賽畫蛇的過程中，為了怕別人畫得比自己快，讓自己輸掉了比賽，所以心情很緊張。
失　　望	當有人早我一步完成了那條蛇，我的努力付諸流水，也輸去了享受那壺酒的機會，所以很失望。
暗自竊喜	對方竟然替已經完成的蛇加上不應該有的腳，讓我重新又有了獲勝的希望，我暗自竊喜。
緊　　張	我既擔心別人也發現了這個破綻，又怕對方突然發現錯誤，把蛇腳塗掉，讓我的機會再度破滅。
開心得意	原本已經輸掉的比賽，卻因為對方的大意和我鍥而不捨的努力，竟然重新獲得勝利，而且可以痛飲獲勝的獎品。

部分分數
能部分寫出畫完蛇、喝到酒的人，其心情變化，及其心情變化轉折的原因，但答案並不完整。

零分
「答案不充分或意思含糊」，或「對文本的理解不精確，或答案不合理或與問題無關」。

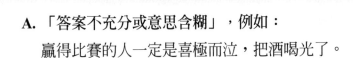

A. 「答案不充分或意思含糊」，例如：

贏得比賽的人一定是喜極而泣，把酒喝光了。

B. 「對文本的理解不精確，或答案不合理或與問題無關」，例如：

人生禍福難定，一時的勝利不要太得意，一時的失敗也不要太沮喪。

第 ❺ 題

> 滿分 　能針對題目，清楚說明為何要「畫蛇添足」的理由。

參考解答

1 因為他是完美主義的人：

第一個畫完蛇的人，他是完美主義者，想把他的作品畫的完美，才幫蛇加上四隻腳，使牠成為飛毛腿，因而「畫蛇添足」。

2 因為他想打發時間：

第一個畫完蛇的人，三兩下就畫好了，當他畫完蛇之後，發現其他人都還在作畫，還剩下一些時間，因此他利用時間，把蛇畫上了四隻腳。

以上二組答案，擇一回答即可。

部分分數　能說明理由，但答案不夠完整。

零分 「答案不充分或意思含糊」，或「對文本的理解不精確，或答案不合理或與問題無關」。

A. 「答案不充分或意思含糊」，例如：

第一個畫完蛇的人太雞婆，沒事找事做，反而失去了機會。

B. 「對文本的理解不精確，或答案不合理或與問題無關」，例如：

第一個畫完蛇的人具藝術天分，並不是貪杯中物的酒鬼。

愚伯伯的移山計畫

傳說很久很久以前，有個九十多歲的老人叫愚公。他家門口被太行山和王屋山擋住，出入非常的不方便。有一天，愚公把兒子和孫子都叫來，說：「我打算把家門口那兩座山移走，你們願意幫忙嗎？」

「當然好！」愚公的兒子和孫子都很支持。但是愚公的老婆有意見，她不以為然地說：「老頭，就算你有力氣能夠移走那兩座大山，但是，剷除的土石要丟在哪裡？我勸你別自找麻煩了。」

對於這個問題，大家研究後，決定丟進大海裡。「很好！既然問題解決了，我們就開始動工吧！」第二天，愚公一家人都捲起袖子，準備移山。

太行山和王屋山的兩位山神，很害怕山會被愚公剷平，他們哭哭啼啼地來找玉皇大帝幫忙。玉皇大帝很佩服愚公的毅力，想完成他的願望；同時也覺得山被剷平了，就少了青山綠水，十分可惜！於是他命令大力士神的兩個兒子，合力把山移到別的地方。

這一件事情傳開後，人們都很欽佩愚公的精神，所以衍生出「愚公移山」這句成語。

愚公移山

 比喻做事情只要有毅力，就容易成功。

 我們要秉著愚公移山的精神，努力達成目標。

 有志者事竟成、精衛填海、鐵杵磨針

 半途而廢、功虧一簣（ㄎㄨㄟ、）

 山光水色 → 色色俱全 → 全力以赴

① 在「愚公移山／愚伯伯的移山計畫」故事中，玉皇大帝派了大力士神的兩個兒子，把山搬到別的地方去了。他這麼做「不」是因為下列哪一個原因呢？

（A）擔心愚公和家人沒辦法完成這項艱難的工作。

（B）太行山和王屋山的兩位山神向他訴苦，怕被剷平。

（C）欽佩愚公的志氣和毅力，希望達成他出入方便的心願。

（D）想保留太行山和王屋山的自然美景，不要讓它們因移山而被破壞了。

　　　　【擷取與檢索】

　　　　【提取訊息】

② 根據「愚公移山／愚伯伯的移山計畫」故事內容，為什麼所有的家人都毫不猶豫的贊成愚公移山的想法，只有愚公的妻子敢提出不同的意見？

（A）其他家人個性和善，只有妻子脾氣暴躁，所以才會出言反對。

（B）其他家人喜歡搬運砂石，只有妻子最懶惰，所以想要偷懶。

（C）其他家人都喜歡愚公，只有妻子討厭愚公，所以故意唱反調。

（D）其他家人都是晚輩，只有愚公的妻子輩分較高，說話較有份量。

【統整與解釋】

【詮釋整合】

❸ 在「愚公移山／愚伯伯的移山計畫」故事中，愚公從產生要移走門前的兩座大山到付諸行動，下列哪一選項比較符合「家人的反應」順序？

（A）妻子提出反對意見 → 大部分家人贊成愚公想法 → 家人共同商討解決方法 → 全體家人贊成。

（B）家人共同商討解決方法 → 全體家人贊成 → 妻子提出反對意見 → 大部分家人贊成愚公想法。

（C）大部分家人贊成愚公想法 → 妻子提出反對意見 → 家人共同商討解決方法 → 全體家人贊成。

（D）全體家人贊成 → 妻子提出反對意見 → 家人共同商討解決方法 → 大部分家人贊成愚公想法。

【統整與解釋】

 【詮釋整合】

❹ 故事中的主角名叫「愚公」，依照字面上的意思，應該是
一位「愚笨的老先生」；但故事的結尾處卻提到玉皇大帝
對他十分的佩服。依照你的想法，愚公到底笨不笨，你又
為什麼會這樣認為呢？

 【省思與評鑑】

 【比較評估】

❺ 在「愚公移山／愚伯伯的移山計畫」故事中，愚公為了出
入方便，想要移開擋在自家門前的兩座大山，反映出人類
為了求生存，在面對自然環境時，往往選擇改造自然來符
合自己的需求。你認為這樣的做法是否正確，並說明你判
斷的原因。

 【省思與評鑑】

 【比較評估】

參考答案

第 **1** 題

▶ 滿分 （A）擔心愚公和家人沒辦法完成這項艱難的工作。

> → 文本中未提及。

▶ 零分 其他答案或沒有作答
（B）（C）（D）選項在文本的第四段可擷取訊息。

第 **2** 題

▶ 滿分 （D）其他家人都是晚輩，只有愚公的妻子輩分較高，說話較有份量。

> → 由文本第二段可知兒子和孫子都很支持，只有老婆提出反對意見，可推論出因為妻子是同輩，而兒子、孫子均是晚輩的關係。

▶ 零分 其他答案或沒有作答

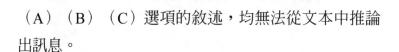

（A）（B）（C）選項的敘述，均無法從文本中推論
出訊息。

第❸題

 滿分 　（C）大部分家人贊成愚公想法 → 妻子提出反對意見
　　　　　　 → 家人共同商討解決方法 → 全體家人贊成。

> → 由文本第二段可知兒子和孫子都很支持，而老婆
> 提出反對意見。
> 由文本第三段可知大家討論出結果，並全家出動，
> 一起準備移山。

零分 　其他答案或沒有作答
　　　（A）（B）（D）選項的敘述都有誤。

第❹題

滿分 　能明確說明自己對「愚公」移山的看法和理由。

參考解答 　1 愚公是愚笨的：
　　　　 我認為愚公是愚笨的。因為以現今科技發達、技術
　　　　 進步的情況下，都未必能靠「人為」來移山。若以
　　　　 愚公的故事背景，僅能以「人力」來移山，勢必不

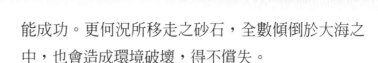

能成功。更何況所移走之砂石，全數傾倒於大海之中，也會造成環境破壞，得不償失。

2 愚公是聰明的：

我認為愚公是聰明的，因為自古有云：「人定勝天」、「有志者，事竟成」。愚公率全家人一同移山，凝聚向心力，也能增加家人間的情感。雖然愚公移山不一定真的能成功，可是他這份勇氣和毅力，比起許多自以為聰明卻不肯努力付出的人，要聰明許多，也更令人敬佩。

以上二組答案，則一回答即可。

部分分數　能說明自己對愚公的看法，但答案並不完整。

零分　「答案不充分或意思含糊」，或「對文本的理解不精確，或答案不合理或與問題無關」。

A.「答案不充分或意思含糊」，例如：

愚公懂得用「移山法」來解決出入的問題，是「大智若愚」。

B.「對文本的理解不精確，或答案不合理或與問題無關」，例如：

愚公完成了不可能的任務，令人敬佩！

第 ⑤ 題

 滿分 能完整寫出人類為了求生存,在面對自然環境時,往往選擇改造自然來符合自己的需求的看法和原因。

參考解答

① 人類既自私又無遠見:

在地球村上,不只人類生活於其中,地球更是萬物棲息生存的地方。隨著人口愈來愈多,工業科技進步,人類開始為了謀取自己的私利,而做出破壞大自然的舉動。例如為了製造家具,便砍伐山上的古木群樹;為了開發能源,製造出會危害環境、破壞生態的核能。不可被細菌分解的垃圾愈來愈多,只好埋山填海把垃圾藏起來,以為看不到,垃圾就不存在,由此可見人類既自私自利又毫無遠見。

② 人類是破於無奈:

人類為了求生存,在面對自然環境時,往往選擇改造自然來符合自己的需求,那是迫於無奈的決定。若今日人類不能發展工業科技,便無法活絡經濟,生活將陷入困境。若人類連最基本的生存都有問題,又怎能夠顧及生存的環境?要思考的是,如何把破壞環境的傷害減到最小,降到最低,才是目前所應該思考的問題。

以上二組答案,擇一回答即可。

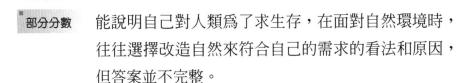

| 部分分數 | 能說明自己對人類為了求生存，在面對自然環境時，往往選擇改造自然來符合自己的需求的看法和原因，但答案並不完整。 |

零分 「答案不充分或意思含糊」，或「對文本的理解不精確，或答案不合理或與問題無關」。

A. 「答案不充分或意思含糊」，例如：

人類是短視貪利的動物，只想破壞大自然卻懶得栽植樹林。

B. 「對文本的理解不精確，或答案不合理或與問題無關」，例如：

有破壞才有建設，不能屈服於惡劣環境。

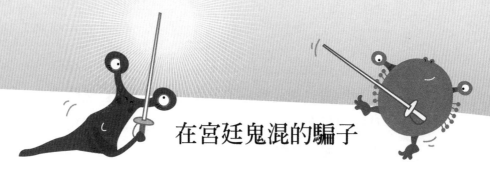

在宮廷鬼混的騙子

　　戰國時代，齊宣王很喜歡聽人合奏吹竽，他在宮中有個大型樂團，共三百多人，都會定期地吹奏竽。

　　有個叫南郭先生的人沒什麼本領，倒很會投機取巧。他聽說在宮中的樂團工作，待遇很高，心想：「嘿嘿，這倒是個好機會。」過了幾天，他也買了一枝手工精緻的竽，透過介紹，混入皇宮的樂團工作。因為南郭先生很有口才，加上他的竽是高級品，所以把別人唬得一愣一愣的。如果有人要求他吹竽，他會揚起下巴，說：「像我這種高手，不隨便表演的。」

　　就這樣，南郭先生在樂團裡混了好幾年，他十分得意，覺得自己太聰明了！一年又一年地過去了，齊宣王死了，他的兒子齊湣（ㄇㄧㄣˇ）王登上王位，他也喜歡聽吹竽，不過他偏好獨奏，所以每位樂工都要輪流上台表演。

　　根本不會吹竽的南郭先生怕會露出馬腳，性命難保。有一天夜晚，他趁著大家入睡了，心虛地逃跑了，從此再也沒有人看過他。這件事情傳開後，大家都嘲笑南郭先生是「濫竽充數」。

濫竽充數

 解釋 比喻沒本領的人卻冒充有本領。竽：古時候的吹奏樂器，像現在的笙。

 例句 濫竽充數的人，遲早會被發現。

 相似 魚目混珠

 相反 名副其實、貨真價實

 **接龍** 數以萬計 → 計上心頭 → 頭角崢嶸

1. 根據「濫竽充數／在宮廷鬼混的騙子」故事內容，不會吹竽的南郭先生混入宮中，成爲樂團的一份子的原因，「不」包括下列哪一選項？

（A）他的樂器考究，能先聲奪人，讓別人以爲他吹奏竽的技巧很高超。

（B）他口才很好，說起演奏技巧頭頭是道，所以能蒙騙其他人。

（C）他很會吹牛，讓人以爲他不肯獨奏是因爲自視甚高。

（D）他獨來獨往，不跟別人打交道，別人沒辦法探聽他的底細。

 【擷取與檢索】

 【提取訊息】

2. 在「濫竽充數／在宮廷鬼混的騙子」這則故事中，南郭先生爲了混進宮中的樂團領取豐厚的薪水，買了一支手工精製的竽。你覺得他爲什麼要這麼做？

（A）「人要衣裝，佛要金裝」，讓別人以為既然他的樂器這麼高級，他的吹奏技巧也一定很高超。

（B）「工欲善其事，必先利其器」，買一支高級的竽來激勵自己努力練習，才能成為吹竽高手。

（C）「肥水不落外人田」，他剛好有熟識的樂器行，願意用便宜的價錢把高級的竽賣給他。

（D）「天生我材必有用」，自己既然擅長吹竽，當然得用配得起自己身分的高級樂器。

 【擷取與檢索】

 【提取訊息】

③ 根據「濫竽充數／在宮廷鬼混的騙子」故事內容的敘述，下列選項中哪一個括號裡的成語運用正確。

（A）榮恩口才欠佳，老師請他回答問題，他總是講得「頭頭是道」，讓同學們聽得滿頭霧水。

（B）馬份的籃球打得很好，尤其擅長用假動作切入，大家都說他的絕招是「魚目混珠」，來去自如。

（C）妙麗功課好人又謙虛，難怪班導師總是誇獎她是個「名副其實」的模範生。

（D）哈利拉得一手大提琴，一起演出的夥伴都稱讚他在樂

團裡是「濫竽充數」，表演時不能沒有他。

【統整與解釋】

【詮釋整合】

4 如果你是「濫竽充數／在宮廷鬼混的騙子」中南郭先生的好朋友，知道南郭先生這種「濫竽充數」的行為，並且想要用一句名言來勸說他不要再說謊欺騙別人，下列哪一個選項中的名言最適合用來勸告他呢？

（A）畫虎畫皮難畫骨，知人知面不知心。

（B）一寸光陰一寸金，寸金難買寸光陰。

（C）泥人經不起雨打，謊言經不起調查。

（D）酒逢知己千杯少，話不投機半句多。

【省思與評鑑】

【比較評估】

5 請閱讀以下短文：

金玉其外，敗絮其中

從前有個小販，他的獨門秘方讓橘子經久不壞。在別人

都沒有橘子可賣時，只有他的橘子還是很漂亮。有人向他買了橘子，撥開來卻發現裡面乾巴巴的像棉絮一樣，質疑他根本是在騙人。小販振振有辭的說：「這世界很有多人都是這樣的，難道那些高高在上，不可一世的大官，就真的都是很有才能，而且忠心耿耿的人才嗎？」

讀完上文後，請比較在「在宮廷鬼混的騙子」故事裡的南郭先生，和「金玉其外，敗絮其中」故事中的賣橘小販，兩者之間的異同之處。

人物 異同處	「濫竽充數」 的南郭先生	「金玉其外，敗絮 其中」的賣橘小販
相同處		
相異處		

【省思與評鑑】

【比較評估】

參考答案

第 ❶ 題

▶ 滿分　（D）他獨來獨往，不跟別人打交道，別人沒辦法探
　　　　　聽他的底細。

> → 從文本中無法得知。

▶ 零分　**其他答案或沒有作答**
　　　　（A）（B）（C）選項的敘述，均可從文本第二段擷
　　　取訊息。

第 ❷ 題

▶ 滿分　（A）「人要衣裝，佛要金裝」，讓別人以為既然他
　　　　　的樂器這麼高級，他的吹奏技巧也一定非常高
　　　　　超。

> → 人要衣裝，佛要金裝：人要靠服飾裝扮來增加
> 美麗，佛像要靠塗金粉來增添光彩。比喻要注重儀
> 表，適當的打扮。由文本第二段可推論訊息。

其他答案或沒有作答

（B）「工欲善其事，必先利其器」，買一支高級的竽
來激勵自己努力練習，才能成為吹竽高手。

→ 工欲善其事，必先利其器：工匠要做好工作，必
須先使工具精良。比喻掌握適當的工具，才是成就
事業的先決條件。

（C）「肥水不落外人田」，他剛好有熟識的樂器行，
願意用便宜的價錢把高級的竽賣給他。

→ 肥水不落外人田：比喻把好處全部留給自己人，
不與外人分享。

（D）「天生我材必有用」，自己既然擅長吹竽，當
然得用配得起自己身分的高級樂器。

→ 天生我才必有用，意指每個人都有自己的長處，
不要看輕自己。

第❸題

滿分

（C）妙麗功課好人又謙虛，難怪班導師總是誇獎她是
個「名符其實」的班級模範生。

→ 名副其實：名稱或名聲與實際情況符合。括號裡
的成語運用正確。

（A）榮恩口才欠佳，老師請他回答問題，他總是講得「頭頭是道」，讓同學們聽得滿頭霧水。

> → 頭頭是道：形容說話或做事很有條理。

（B）馬份的籃球打得很好，尤其擅長用假動作切入，大家都說他的絕招是「魚目混珠」，來去自如。

> → 魚目混珠：比喻拿假貨、劣質品充當真品、高檔貨。

（D）哈利拉得一手大提琴，一起演出的夥伴都稱讚他在樂團裡是「濫竽充數」，表演時不能沒有他。

> → 濫竽充數：比喻沒本領的人卻冒充有本領。

第 ④ 題

（C）泥人經不起雨打，謊言經不起調查。

> → 強調謊言終究有被戳破的一天，符合題幹旨意。

（A）畫虎畫皮難畫骨，知人知面不知心。

→強調人心險惡。

（B）一寸光陰一寸金，寸金難買寸光陰。

→強調把握時間的重要。

（D）酒逢知己千杯少，話不投機半句多。

→強調知己少有。

第❺題

滿分 針對題目，能完整寫出二者之異同者。

人物 異同處	「濫竽充數」 的南郭先生	「金玉其外，敗絮 其中」的賣橘小販
相同處	「濫竽充數」的南郭先生與「金玉其外，敗絮其中」的賣橘小販，都是「虛有其表」、毫無真才實學的人。	
相異處	1. 南郭先生是欺騙君王，假裝很會吹竽。 2. 害怕事情揭露，會性命難保，所以趁著夜晚大家入睡了，心虛地逃跑。	1. 賣橘小販是欺騙顧客，假裝所賣的是品質上等的橘子。 2. 事情揭露之後，振振有辭地諷刺當官者。

部分分數 僅能寫出二者之間相異或相同處。

「答案不充分或意思含糊」或「對文本的理解不精確，或答案不合理或與問題無關」。

A. 「答案不充分或意思含糊」，例如：

南郭先生和賣橘小販都是虛有其表的人。

B. 「對文本的理解不精確，或答案不合理或與問題無關」，例如：

人在江湖身不由己，我們要以寬宏的態度原諒南郭先生和賣橘小販。

國家圖書館出版品預行編目資料

在宮廷鬼混的騙子：成語故事模擬PISA實戰版／
陳淑玲等合著.--初版.--臺北市：五南，2015.05
　　面；　　公分.--(悅讀中文；61)
ISBN 978-957-11-8061-8（平裝）
1.漢語教學　2.成語　3.中小學教育
523.311　　　　　　　　　　104003557

1AQ5

在宮廷鬼混的騙子
成語故事模擬PISA實戰版

作　　者　陳淑玲　呂倩如　趙文霙　周芃谷

發 行 人　楊榮川

總 編 輯　王翠華

企劃主編　黃文瓊

封面設計　童安安

出 版 者　五南圖書出版股份有限公司

地　　址：106台北市大安區和平東路二段339號4樓

電　　話：(02)2705-5066　　傳　　真：(02)2706-6100

網　　址：http://www.wunan.com.tw

電子郵件：wunan@wunan.com.tw

劃撥帳號：01068953

戶　　名：五南圖書出版股份有限公司

台中市駐區辦公室/台中市中區中山路6號

電　　話：(04)2223-0891　　傳　　真：(04)2223-3549

高雄市駐區辦公室/高雄市新興區中山一路290號

電　　話：(07)2358-702　　傳　　真：(07)2350-236

法律顧問　林勝安律師事務所　林勝安律師

出版日期　2015年5月初版一刷

定　　價　新臺幣280元